ムリなくできる!

栄養のこと、ちゃーんと考えた

毎日おいしい弁当

牧野直子

朝日新聞出版

はじめに

塾通いからスタートした息子のお弁当作りも、大学入学で少しずつ減っていきました。
ちょっと寂しいような、ホッとしたようなそんな気持ちになりましたが、
今は毎日、お弁当を作っていた日々が懐かしく思い出されます。

息子は成長が遅咲きでしたが、高校生になってからは、食べ盛り、伸び盛り。
幸い、好き嫌いがほとんどなかったので、その点ではラクでしたが、
学年が上がるにつれ、お弁当箱が大きくなっていき、
お弁当箱を満たすのが大変でした。
朝にすべてやっていては時間が足りないこともあり、
肉や魚の下味や野菜のみじん切りなどは前の夜にやっておきました。

お弁当を毎日、作らなければならない人、ときどき作ればいい人、
さまざまだと思いますが、大変なことに変わりありません。
でも、そんなにかまえなくても大丈夫です。
毎日のごはんの延長線だと考えるといいと思います。

お弁当だからといって何も特別なメニューでなくていいですし、
味つけも濃くする必要はありません。
ウチで食べている料理と味つけでいいんです。
ただ、できる範囲で前の夜に下準備をしておくと、
朝がラクですし、時短にもなります。
また、夕食にお弁当分として少し多めに作っておく、
日持ちする常備菜を2～3品ストックしておくのもおすすめです。

お弁当は、ただお腹を満たすものではありません。子どもの学校生活の写し鏡です。
いつもは残さず食べているのに残しているときは、「体調が悪いのかな」、
「文化祭が近いといっていたから、
準備で忙しく食べる時間がなかったのかな」などなど。
思春期でもあるこの時期は口数が少なくなることもあるでしょう。
会話はなくても、お弁当が子どもの日常を教えてくれますよ。

本書は中高生に人気のお弁当から、ボリューム弁当、ヘルシー弁当、
ご飯におかずをのっけるだけ弁当、
詰める手間が省けるコンテナ弁当などを紹介しています。
これからお弁当を作る方、
また、今まさにお弁当作りに励んでいる方たちの
参考になればうれしいです。

牧野直子

ムリなくできる！
栄養のこと、ちゃーんと考えた
毎日おいしい弁当

CONTENTS

PART 1 中高生のお弁当の基本

PART 2 中高生に大人気のお弁当

PART 3 ボリューム弁当&ヘルシー弁当

PART 4 詰めないコンテナ弁当

PART 5 のっけるだけ弁当

PART 6 肉・魚・卵・野菜のおかず

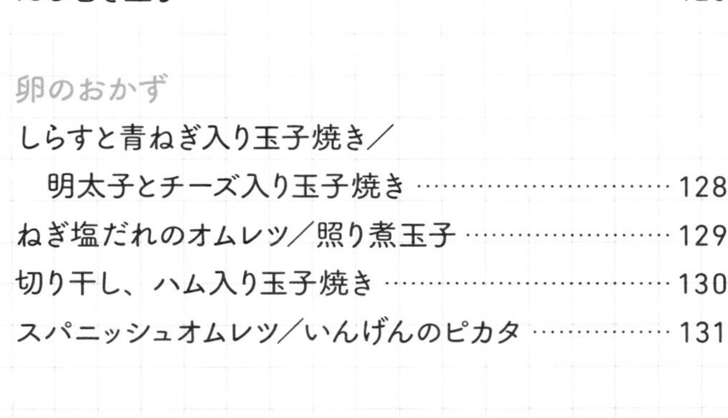

本書の表記について

●基本的に材料、カロリーは1人分で表記しています。場合によって、材料は作りやすい分量、カロリーは全量で表記しています。
●計量の単位は1カップは200㎖、大さじ1は15㎖、小さじは5㎖です。
●電子レンジの加熱時間は600Wのものを標準としています。500Wの場合は1.2倍を目安に加熱してください。
●コンテナを使って食材を電子レンジで加熱する際、ふたはしっかり閉めると破裂の原因になるので、ずらしてのせるだけにしてください。

PART 1

中高生のお弁当の基本

育ち盛りのこの時期は、人生の中で
いちばんエネルギー量が必要なときです。
お弁当も1日の大事な1食。
必要なカロリー、ご飯とおかずの黄金バランス、
栄養や味つけのコツなど、
まず、お弁当の基礎を知っておきましょう。

お弁当箱の大きさでカロリーが変わる？

必要なエネルギー量（カロリー）は、男女差や活動量などによって、成長期でも個人差はありますが、中高生の１回のお弁当に必要なエネルギーは、高校生男子800～900㎉、中学生・高校生女子700～800㎉といわれています。

このカロリーは、だいたいお弁当箱の大きさ＝容量に匹敵するので、高校生男子なら800～900㎖のもの、中学生・高校生女子なら700～800㎖の容量のお弁当箱を目安として覚えておきましょう。

高校生男子 800～900 kcal

運動量に合わせて増減を

エネルギーがいちばん必要な時期でも、1日の活動量などによって必要なカロリーは異なります。特に運動部の場合、多くのカロリーを必要としますが、文化部の場合、カロリーの摂りすぎは肥満につながる可能性もあるので気をつけたいものです。

同じ食材でもお弁当箱の容量によってカロリーを調整

食べ盛りの子どもとはいえ、性別や活動量により、必要なカロリーは異なります。お弁当箱の容量に合わせ、おかずやご飯も調整します。たとえば、から揚げなら個数を1つ減らす、ご飯の量を減らすなどです。カロリーが違うお弁当を複数作らなければならないケースなども、おかずの数や量、ご飯の量で調整しましょう。

中学生・高校生女子 700～800 kcal

お弁当箱ポイント

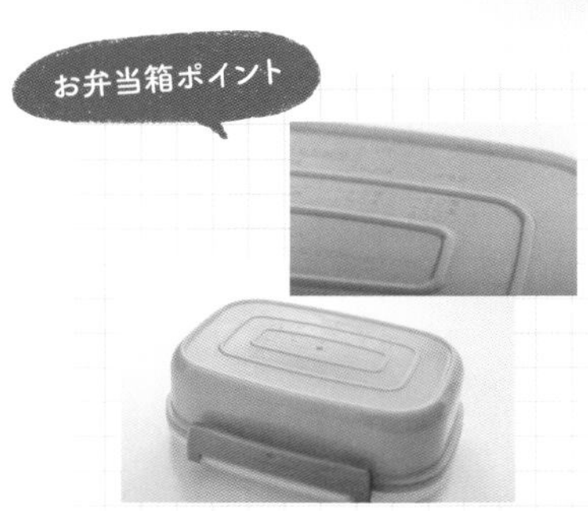

お弁当箱の裏をチェック。容量≒カロリーです

お弁当箱の容量は、たいていお弁当箱の裏側などに明記してあります。この容量がご飯やおかずを詰めたときのカロリーにだいたい匹敵するので、カロリーの目安になります。

必要なカロリーをしっかり確保

中学生や高校生女子は、活動量が多い場合でも、高校生男子に比べて必要なカロリーは低め。また、ダイエットを意識して、肉を敬遠するケースもあります。高たんぱく質、低脂肪の鶏むね肉や魚、野菜などで必要なカロリーをしっかり摂りましょう。

主食・主菜・副菜のバランスは?

主食と主菜、副菜の割合が2：1：1とさえ覚えておけば、あとは子どもの好きなものを優先に入れても栄養バランスはOK。主食になるご飯や麺などの炭水化物（糖質）は、脳や体を動かす大切なエネルギー源なので主菜と副菜よりも多めにし、主菜と副菜は同じ比率で大丈夫。主菜となる肉や魚などのたんぱく質源は体作りに欠かせませんが、色は地味になりがち。副菜はできるだけ野菜を使って彩りのあるものにしましょう。余裕があるなら副菜をもう一品入れて。

主食・主菜・副菜の割合

主食のご飯はお弁当箱に半分

エネルギーの源となるご飯は、お弁当箱の半分の割合になるように詰めます。残りの半分をさらに2等分にし、主菜と副菜を詰めるとバランスよく、きれいに見えます。

主菜は満足感のある肉や魚がおすすめ

メインになるおかずは、ボリュームと食べごたえ、満足感のある肉や魚が理想的。主菜が1品なら、肉も魚もそれぞれ100gを目安に詰めるといいでしょう。

副菜は野菜を使い、華やかさをプラス

副菜は野菜を中心とした主菜とは異なる食感のものがいいでしょう。調理法も変えるようにします。地味になりがちなお弁当も野菜を入れることで華やかさがプラスされます。

栄養と味つけのコツ

副菜は主菜と違う味つけでメリハリを

副菜は野菜やきのこ・海藻などを使うと、栄養バランスや彩りもよくなり、全体的にメリハリが出ます。野菜が不足している場合は、野菜の副菜をもう一品プラスするといいでしょう。

主菜のおかずは肉や魚のたんぱく質を

主菜は筋肉を作るためにも、肉や魚、卵などの動物性たんぱく質が摂れるもので。味を濃くする必要もなく、いつも通りの味つけでOK。初めて作るものは冷めた状態で味見しても。

主菜と副菜は違う味つけに

主菜がしょうゆベースの味つけなら、副菜は塩やトマトケチャップなど、別の味にしましょう。また、カレー粉やバジルなどのスパイスを使うと、味にバリエーションが出ます。

主食はご飯でも麺類でも

主食のご飯、炭水化物（糖質）は脳の働きに必要なので、しっかり摂ることが鉄則です。もちろん、おにぎりやパン、麺類などでもかまいませんが、不足のない分量にすることが大切です。

毎日のお弁当作りに 20cm フライパンが大活躍！

どこのウチにもかならずあるフライパン。お弁当作りに欠かせない調理器具の1つですが、なかでも20cmのフライパンは小回りがきき、扱いやすく、毎日のお弁当作りにはとても便利です。

焼く

フライパンで、もっともスタンダードな使い方の1つ。肉はもちろん、魚もきれいに焼ける。

炒める

「炒める」もフライパンでよく使う調理方法。少量を炒めるときにもさっと使えて便利。

揚げる

表面積が狭いものだと、油も少ない量で揚げられ、後片づけもラク。ただ、ある程度の深さのあるもので。

ゆでる

お弁当に入れるくらいの量なら、ほうれん草などをゆでるのにも便利。切らずにそのままゆでられる。

蒸す

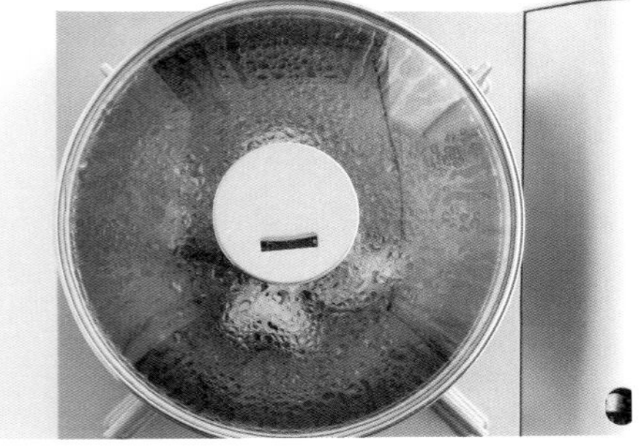

食材がじっくりと加熱されるので、うま味と栄養素の流出が少なくてすむ。フライパンでもおいしくできる。

煮る

お弁当用に少量の煮ものなら、フライパンで十分だが、汁の分量には気をつけよう。

作るおかずによってフライパンや鍋を使い分けるのは意外と面倒くさいもの。その点、フライパンなら、「焼く」「炒める」「揚げる」などはもちろん、「ゆでる」「蒸す」「煮る」などの調理もOK。なかでもお弁当のように少量作る場合、20㎝のフライパンがおすすめ。フライパンが十分に温まりやすく、熱まわりがいいので調理時間も短縮できます。また、20㎝あれば肉や野菜を同時に調理できます。手になじみ、小回りがきいて扱いやすく、調理から後片づけまでストレスフリー。「蒸す」「煮る」とき用に、ふたもそろえておくといいでしょう。

おすすめフライパン

1人分作るのに面積がちょうどいい

面積が広すぎないので熱効率もよく、時短につながります。後片づけもラクで、収納にさほど場所を取らないのも◎。ホームセンターやスーパーでも、20㎝フライパンは多く販売しているので、買いやすいところもいいです。

フッ素樹脂加工だとお手入れも簡単

表面がフッ素樹脂加工されていると、油の量が少なくても食材が焦げにくく、表面のすべりがいいので、油を使いすぎず、ヘルシー。汚れが落ちやすく、手入れも簡単です。

5㎝くらいの深さがあると揚げものでも安心

深さ5㎝くらいのものだと、揚げものにも十分。油が少ない量ですむのも助かります。また、野菜や麺などをゆでたり、煮ものにも使えて便利。1人分のスープなど汁ものもOK。ふきこぼれにくいのもいいです。

※廉価版のフライパンは素材によって熱伝導が悪く、特にIHでは揚げものができない場合があるので、注意してご購入ください。

20cm フライパンで「鶏照り焼き弁当」を作る

甘辛いたれがからんでご飯がモリモリすすむ主菜の「鶏照り焼き」と副菜の「ごまポテトサラダ」に「焼きズッキーニ」。どのような段取りだと効率よく作れるのか、その方法を紹介します（➡材料はP.32参照）。

1 ご飯を冷ます。

小さめのバットにラップを広げ、ご飯を冷ます。

2 じゃがいもを塩ゆでする。

小さめの乱切りにしたじゃがいもがかぶるくらいの水を入れ、塩を加え、やわらかくなるまでゆでる。

3 照り焼きとサラダの調味料を用意する。

じゃがいもをゆでている間に、ボウルに照り焼きのたれとサラダの調味料をそれぞれ混ぜ合わせる。

4 鶏もも肉を切る。

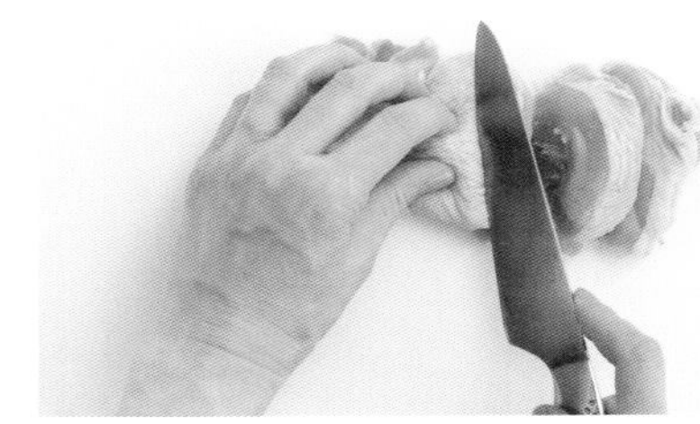

鶏もも肉を切る。

5 ごまポテトサラダを完成させる。

❸の練りごま（写真右）にゆでたじゃがいもを加え、つぶしながらあえる。

6 ズッキーニを焼く。

サラダ油を中火で熱し、輪切りにしたズッキーニを両面焼く。

お弁当のおかずの中でも人気が高い鶏照り焼き。ボリュームと食べごたえがあり、満足感も得られます。主菜が鶏肉単体なので、副菜には野菜を使ってバランスよく、彩りよく仕上げます。最初にじゃがいもをゆで、ごまポテトサラダを完成させます。じゃがいもは小さめの乱切りにすることで早くゆで上がります。次に焼きズッキーニ。比較的早く火が通りますが、薄めに切るといいでしょう。最後に鶏照り焼きを作ります。鶏肉は切ってから焼くと、早く火が通ります。この順番で作ると、調理の途中、フライパンをさっと洗うだけですみ、時短になります。

7 焼きズッキーニを完成させる。

ズッキーニを取り出し、塩をふる。

8 鶏もも肉を焼く。

鶏もも肉を皮を下にして入れ、厚みの半分以上が白っぽくなったら上下を返し、両面焼く。

9 たれを入れる。

❸のたれ（写真左）を入れ、味をつける。

10 鶏照り焼きを完成させる。

たれを全体にからめる。

冷まして弁当箱に詰める

↓次のページへ

弁当箱に詰める

せっかくきれいに詰めたのに、お弁当箱を開けてみたら、どちらかに片寄っていた、なんてことにならないよう、お弁当はすき間なく詰めるのが基本です。それには詰める順番が大切。最初にご飯を詰めたら、主菜、副菜を詰めていきます。

1 ご飯を詰める。

お弁当箱の３分の２程度まで詰め、段差をつけるとよい。

2 主菜を詰める。

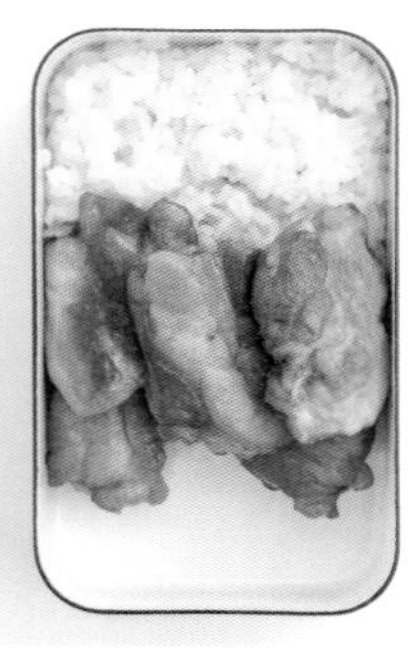

段差をつけたご飯の上に主菜をのせる。

3 副菜を詰める。

副菜を主菜とすき間があかないように詰める。

4 副菜をもう一品詰める。

味が移らないようにしたいならおかずカップを活用。

5 漬物などをのせる。

好みでご飯に漬物をのせる。ふりかけをかけても。

6 完成！

すき間ができた場合、P. 143 などのすき間おかずを入れる。

詰めやすい弁当箱は？

形も素材も多種多様なお弁当箱。必要な容量が入るものなら、好きなお弁当箱に詰めてかまいません。汁けのあるものなら密閉性の高いもの、のせるだけなら丸形など。また、鞄への収納のよさ、持ち運びやすさなども考えて選ぶといいでしょう。逆に、詰めにくい弁当箱は深さがあるもの。ご飯やおかずが埋もれてしまうのであまりおすすめできません。

長方形は万能選手。プラスチック製が一般的

いちばんスタンダードな形が長方形のお当箱。おかずカップなども入れやすいので、初心者でも上手に詰められます。また、汁漏れしにくく、耐熱なら電子レンジで温められ、軽くて鞄への収まりもいいのでおすすめ。プラスチック製が一般的で、洗いやすいですが、色移り、におい移りしやすいのが欠点。

楕円形、丸形は「のっけるだけ弁当」向き。素材は木製などのわっぱ

木の香りとぬくもりが感じられ、やさしい曲線が特徴的な曲げわっぱ。吸湿性があり、冷めてもご飯がふっくら。殺菌効果もあり、傷みにくいので特に夏には重宝します。使い込むほど味わいが出るのも魅力。丸形のお弁当箱は「のっけるだけ弁当」に最適。いずれも角がないので洗いやすいのもいいところ。

二段重ねだと、おかずとご飯を分けて詰められる

ご飯とおかずを別に詰められるので、ボリュームのあるお弁当が作れます。ご飯へのおかずの味移りもありません。素材はステンレスやプラスチック製、形はドーム型やスリム型など。入れ子にできるものもあり、コンパクトにして持ち帰れます。一段だけで使うこともできるので成長に合わせて使い分けても。

詰めない

コンテナ弁当が使える！

保存容器として用いられているコンテナは、密閉性が高いので汁漏れしにくく、軽くて持ち運びにも便利。容器ごと調理でき、電子レンジで温められるのもいいところ。コンテナをお弁当箱として活用しましょう。

調理道具になり、そのままお弁当に

コンテナは食材と調味料を入れて電子レンジでチン！すれば、おかずができるので、そのままお弁当として持っていくことができます。調理器具いらずで、詰める手間も省けます。

密閉性が高く、持ち運びも安心、便利

汁けの出るおかずでも密閉性が高いので安心。ご飯とおかずを分ければ、おかずの味移り、におい移りがしません。食べ終わったら、入れ子にできて軽く、持ち帰りにも便利です。

おすすめサイズ

480㎖

300㎖

130㎖

特におすすめの3種類

本書で使用しているコンテナのサイズは、480㎖、300㎖、130㎖の3種類。この3種類があれば、組み合わせで必要な容量になります。小さいサイズは副菜や果物を入れてもいいです。

ちょうどおかずカップ1杯分に

調理道具として130㎖のコンテナを使うと、ちょうどおかずカップ1杯分になるので、そのままカップに詰め替えて、お弁当箱に。

おかずや食材の保存に大活躍のコンテナ。このコンテナを利用すればお弁当作りは目からウロコ。コンテナに食材を切って入れ、調味料を加えて、ふたを軽くかぶせて、電子レンジでチン！
　冷ましてそのままお弁当として持っていけばいいだけ。コンテナは密閉性が高く、汁漏れしにくいうえ、軽いのでお弁当箱としてもおすすめ。さまざまなサイズがあり、その日のおかずによって組み合わせも自由自在。ご飯とおかずを分ければ味移り、におい移りが防げます。

主菜 コンテナでチンジャオロースーを作る

（➡材料はP.76参照）

1 野菜を切る。

ピーマン、パプリカ、ヤングコーンを切る。

2 野菜をコンテナに入れる。

野菜をコンテナに入れ、塩をふる。

3 ふたをのせ、加熱する。

破裂しないようにふたは閉めずにずらしてのせ、電子レンジで1分30秒加熱する。

4 牛肉と合わせる。

フライパンで炒めて、味つけした牛肉を❸に加え、混ぜ合わせる。

＼完成！／

副菜 白菜の甘酢あえを作る

（➡材料はP.76参照）

1 白菜をコンテナに入れ、加熱する。

切った白菜をコンテナに入れ、ふたは閉めずにずらしてのせ、電子レンジで1分加熱する。

2 白菜に味つけする。

すし酢を入れ、ふたをして軽くふる。

＼完成！／

傷まないお弁当作りのコツ

中までしっかり火を通す

おかずは中心までしっかり火を通すことが大切です。中心温度が75℃以上で1分加熱することで食中毒が予防できるといわれています。特に肉や魚、卵は中までしっかり火を通しましょう。かたまりの肉なら薄く切ると、火の通りが早く、調理時間の短縮にもなります。

汁けや水けは飛ばす

調味料の汁けや食材から出る水けは煮詰めたり、しっかり炒めて飛ばしましょう。水分の多い食材はできるだけ避けるほうが賢明。ゆで野菜はしっかり水けをきり、かつお節やごまなど水分を吸ってくれるものとあえるのもおすすめ。汁けが多いと、雑菌が繁殖しやすく腐る原因になります。

防腐効果のある酢や食材を使う

防腐効果や殺菌作用のある調味料や食材を活用しましょう。たとえば、ご飯を炊くときに酢を米1合に対し、小さじ1杯入れる、梅干しや青じそ、わさび、しょうがなどを積極的に使うなどです。また、キッチンペーパーに含ませた酢でお弁当箱やふたをふくというのも方法の1つです。

お弁当は作ってから食べるまでに時間があります。気温が上がる梅雨から夏は食中毒のリスクが高まるため、特に注意が必要です。冬も暖房がきいているので気をつけて。食材の管理はもちろん、フライパンやまな板、包丁などの調理器具を衛生的にしておくこと、調理前に手を洗うなどは基本です。調理中に肉や魚、卵などを触った場合も手を洗うようにします。お弁当箱は十分に乾いたものに詰め、保冷バッグに入れて持っていくようにしましょう。ここでは、お弁当が傷まず、安全においしく食べられるコツを紹介します。

詰める前によく冷ます

ご飯もおかずもよく冷ましてから詰めましょう。温かいうちに詰めると蒸気が閉じ込められ、雑菌が繁殖しやすくなります。梅雨と夏は特にしっかり冷ましてから詰めるのが鉄則。急いでいる場合は粗熱をとってからお弁当箱ごと冷蔵庫に入れたり、保冷剤にのせたりするなどの対策を忘れずに。

生野菜は別の容器に入れる

水けが出やすい生野菜は雑菌が繁殖するリスクが高いので極力避けるようにしましょう。持っていく場合は水けをしっかりきり、キッチンペーパーなどでふき、他のおかずとは別に詰めるようにします。ミニトマトはヘタを取り、よくふいて切らずにそのまま詰めましょう。

保冷できるスープジャーを活用

保温機能だけでなく、保冷もできるスープジャーは夏にもおすすめです。ただ、保冷の場合は15℃以下に保てるものがいいでしょう。また、保冷効果があるとはいえ、生ものや乳製品は中で雑菌が繁殖する危険があるので避けましょう。スープジャー専用の保冷バッグもあります。

体と頭を作る！お弁当Q&A

成長盛りのお弁当作りで、気になることやちょっとした困りごとに疑問など、あれこれを解決し、今後に役立つヒントを紹介します。お弁当作りが今よりも、きっと楽しくなりますよ。

Q 運動部に所属していますがおすすめのお弁当はどんなものがありますか？

A たんぱく質がしっかり摂れるものをメインに入れるといいでしょう

運動をしている場合、活動量が多いので主食のご飯はしっかり詰めましょう。主菜は筋力アップなどに欠かせない肉や魚を。肉なら、鶏の照り焼き、豚肉のしょうが焼きなどがおすすめ。ボリュームがあるものがいいですね。野菜もしっかり入れるようにしましょう。1食分だけでなく、おにぎりなど補食を持っていくといいでしょう。

Q 身長を伸ばしたいのですが、どんなおかずを入れるといいでしょうか？

A カルシウムは大切ですが、マグネシウムも一緒に摂取を

成長には個人差があり、お弁当だけで身長を伸ばすというのは正直、難しいと思いますが、カルシウムが多いおかずを意識的に入れるといいでしょう。ただし、カルシウムはマグネシウムを摂らないと吸収されないので、大豆製品やごまも一緒に摂取できるおかずにします。お弁当だけでなく、家庭での食事もこれらの栄養素を摂るようにしましょう。

Q お弁当を残してくることがあります。どうすればもっと食べてくれるでしょうか？

A 食べる時間がないということも。手軽に食べられるおにぎりなどを

お弁当を残す理由は、食欲がない、好き嫌いがあるといった理由だけでなく、「食べる時間がない」という場合もあります。昼休みが短い、授業の準備でゆっくり食事ができないなど中高生ならではの事情ですね。そういう理由で残している場合は、手軽に食べられるサンドイッチやおにぎりを持たせるなど工夫してみましょう。

PART 2

中高生に大人気のお弁当

成長期の中高生にはしっかり食べてほしい！
大好きなおかずが入っていると
テンションも上がり、食欲がわきます。
から揚げやしょうが焼き、ハンバーグなど
中高生に人気のある
10種類のお弁当を紹介します。

中高生に大人気のお弁当は？

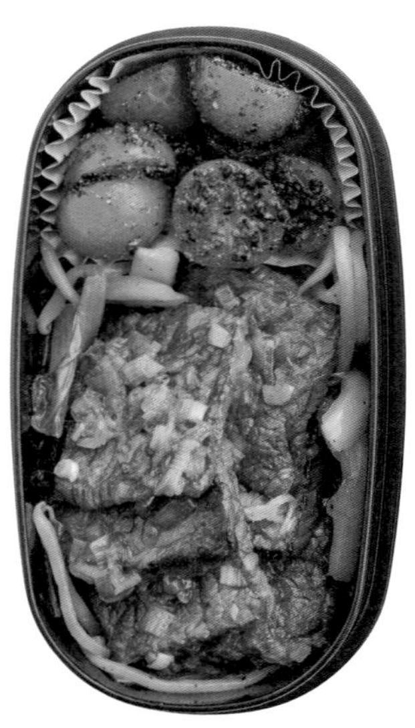

やっぱり“肉”が好き！

中高生がお弁当に求めるものは「食べごたえ」と「満足感」がいちばんといわれています。その両方を兼ね備えているのが肉。もっともエネルギーを必要とするこの時期は、ボリュームと食べごたえのある肉のおかず入りが、中高生にとってはキングオブ弁当。焼く、揚げる、炒めるなど調理法や味つけも変幻自在。食べる側、作る側の両方に便利な食材です。

いつもの定番弁当で決まり！

お弁当のおかずを毎日あれこれ考えるのは、思いのほか大変なこと。ときには新しいレシピに挑戦することもあるかもしれません。もちろんそれも必要ですが、お弁当は子どもの好きなもの、そして、作り慣れたものでいいのです。特に主菜は鶏のから揚げや豚肉のしょうが焼きなどお弁当の超定番メニューでOK。副菜などでちょっと変化をつけます。

**成長期の中高生は、人生でいちばんエネルギーの摂取量が必要な時期といわれています。
鶏のから揚げやとんかつ、豚肉のしょうが焼きやハンバーグなど、
中高生のお腹と心をガッシリとワシづかみするボリューム満点のお弁当を紹介します。**

茶色い地味弁当でいい！

お弁当は彩りも欠かせない要素の1つですが、彩りよりも子どもの好きなものを優先するのがいいでしょう。しょうゆベースの甘辛い味のおかずは、茶色く色は地味ですが、ご飯によく合うので好まれます。味を濃くする必要もありません。いつもの味つけで大丈夫！初めて作るものは冷めた状態で味見するようにするといいですね。

慣れた味だから安心！

お弁当だからといって特別なおかず(味) は必要ありません。子どもにとって食べ慣れたおかずは安心感があります。「中高生に大人気のお弁当」として紹介しているビビンバ弁当は「食べ慣れた味?」と思うかもしれませんが、学校給食では定番メニュー。家では食べ慣れていなくても、子どもにとっては給食で食べ慣れた味という場合もあります。

鶏から揚げ弁当

鶏から揚げ
パプリカのゆかりあえ
ゆでブロッコリー

867kcal

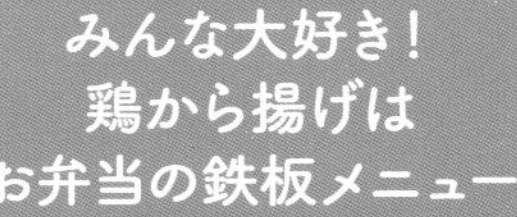

段取りポイント

鶏肉の下味は前夜に

鶏肉の下味は朝つけても大丈夫だが、前の夜につけておくと、朝の調理の時短になるのはもちろん、鶏肉に味がしみてさらにおいしくなり、肉もやわらかくなる。

材料（1人分）

鶏から揚げ　448kcal

鶏もも肉（から揚げ用）…130g

Ⓐ
- しょうゆ…大さじ½
- 酒、しょうがの絞り汁…各小さじ1
- おろしにんにく…少々

片栗粉…適量

パプリカのゆかりあえ　53kcal

パプリカ（赤）…⅓個（乱切り）
ゆかり…少々
サラダ油…適量

ゆでブロッコリー　17kcal

ブロッコリー…3〜4房
塩…少々
水…¼カップ

黒ごま…適量

ご飯…220g　349kcal（黒ごま含む）

※お弁当箱の容量は890㎖

1 鶏肉に味をつける。

鶏肉をポリ袋に入れてⒶをもみ込み、10分くらいおく。

2 ブロッコリーを蒸し煮にする。

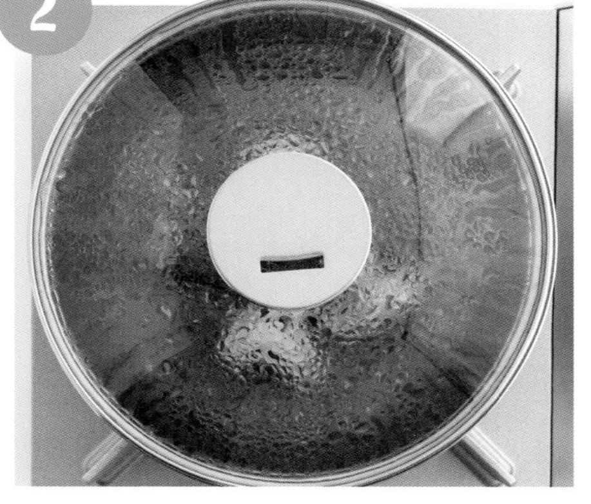

ブロッコリーに塩をふって水を加え、ふたをして3分ほど蒸し煮にし、ざるにあげる。

3 パプリカを揚げる。

フライパンの水けをふき、サラダ油を2㎝深さくらい入れて150℃に熱し、パプリカをさっと揚げる。

4 ゆかりであえる。

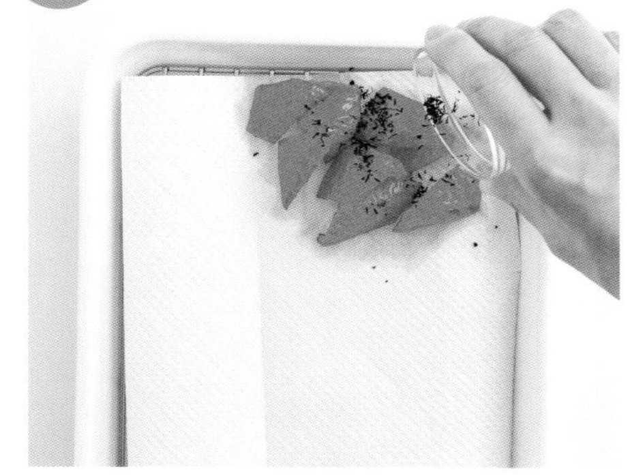

油をきり、熱いうちにゆかりをあえる。

5 鶏肉に片栗粉をまぶす。

❶のポリ袋に片栗粉を入れ、鶏肉全体にまんべんなくまぶす。

6 鶏肉を揚げる。

❸のサラダ油を170℃に熱し、鶏肉を揚げる。

▶▶▶ ご飯（黒ごまをふる）➡鶏から揚げ➡パプリカのゆかりあえ➡ゆでブロッコリーの順に詰める。

しょうが焼き弁当

豚肉のしょうが焼き
焼きししとう
キャベツの梅あえ

768kcal

豚肉は切らずに。
食べるときは
ご飯を巻いて豪快に

材料 (1人分)

豚肉のしょうが焼き 386kcal

豚ロース肉(しょうが焼き用)…2枚(100g)
玉ねぎ… ¼個(薄切り)
小麦粉…適量
サラダ油…小さじ2
A おろししょうが…小1かけ分
しょうゆ、みりん、酒…各小さじ2

焼きししとう 26kcal

ししとう…5本
(つまようじで数カ所穴をあける)
塩…少々

キャベツの梅あえ 13kcal

キャベツ…50g(ざく切り)
梅干し(果肉)… ½個分

ご飯…220g 343kcal

※お弁当箱の容量は700㎖

1 キャベツに塩をふり、もむ。

キャベツをポリ袋に入れ、キャベツの重さの1％の塩（分量外）をふり、もんで10～15分おく。汁けは絞る。

2 たれの調味料を合わせる。

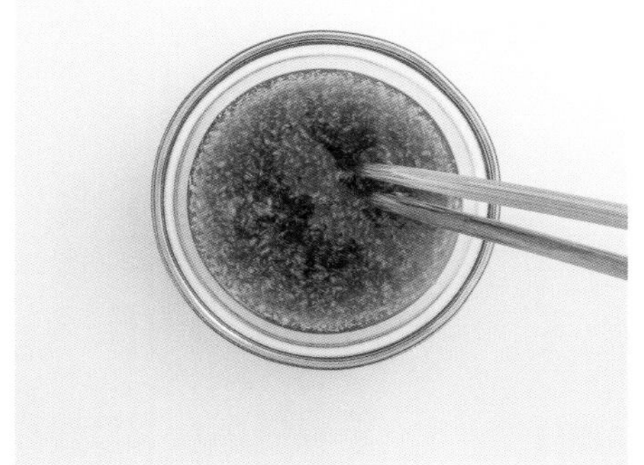

ボウルに🅐を入れ、よく混ぜ合わせる。

3 豚肉と野菜を焼く。

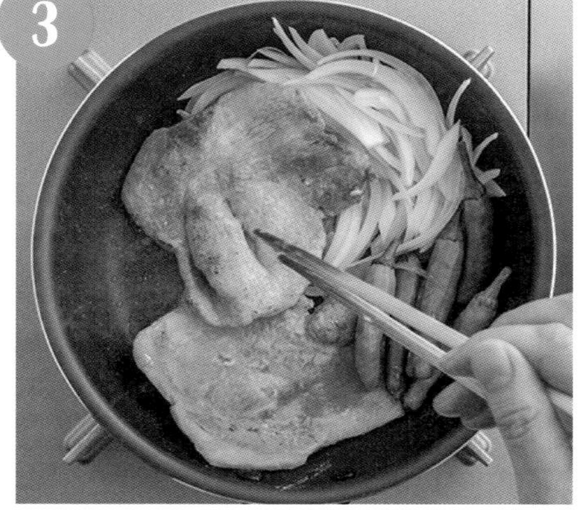

豚肉に小麦粉をまぶす。サラダ油を中火で熱し、豚肉と玉ねぎ、ししとうを焼く。

4 ししとうを先に取り出す。

ししとうに塩をふる。

5 豚肉と玉ねぎにたれをからめる。

❸のフライパンに❷で合わせたたれを入れ、からめる。

6 キャベツと梅干しをあえる。

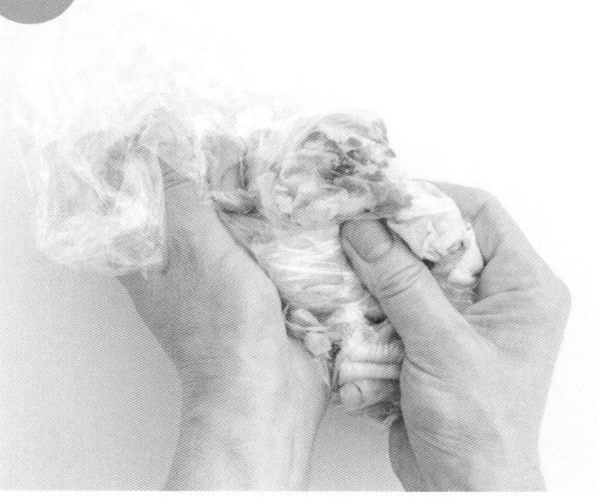

❶のポリ袋に梅干しを加え、果肉を全体に混ぜるようにあえる。

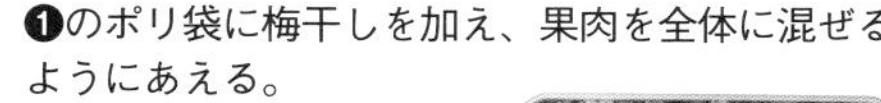

▶▶▶ ご飯➡豚肉のしょうが焼き➡焼きししとう➡キャベツの梅あえの順に詰める。

鶏照り焼き弁当

鶏照り焼き
焼きズッキーニ
ごまポテトサラダ
しば漬け

641kcal

甘辛たれと
ジューシーさが
たまらない！

小さめに切って時短

じゃがいもなどの根菜は気持ち小さめに切ると、火の通りが早く、調理の時短になる。

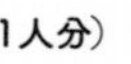

（1人分）

鶏照り焼き　270kcal

鶏もも肉…120g（そぎ切り）
Ⓐ しょうゆ、みりん、酒 …各大さじ½
Ⓐ 砂糖…小さじ½

焼きズッキーニ　24kcal

ズッキーニ…¼本（7㎜幅の輪切り）
サラダ油…小さじ1
塩…少々

※お弁当箱の容量は600㎖

ごまポテトサラダ　112kcal

じゃがいも…½個（小さめの乱切り）
Ⓑ 黒すりごま…小さじ1
Ⓑ マヨネーズ…小さじ2

しば漬け（市販品）…適量

ご飯…150g　235kcal（しば漬け含む）

1

じゃがいもを塩ゆでする。

じゃがいもがかぶるくらいの水を入れ、塩少々（分量外）を加え、やわらかくなるまでゆでる。

2

調味料をそれぞれ用意する。

❶を待つ間にボウルにⒶ、Ⓑをそれぞれ混ぜ合わせる。

3

じゃがいもをつぶし、味つけする。

❷で合わせたBにゆでたじゃがいもを加え、つぶしながらあえる。

4

ズッキーニを焼く。

サラダ油を中火で熱し、ズッキーニを両面焼き、取り出して塩をふる。

5

鶏肉を焼く。

鶏肉を皮を下にして入れ、厚みの半分以上が白っぽくなったら上下を返し、両面焼く。

6

鶏肉に味つけする。

❷で合わせたAを回し入れ、からめる。

▶▶▶ ご飯➡鶏照り焼き➡焼きズッキーニ➡ごまポテトサラダ➡しば漬けの順に詰める。

ハンバーグ弁当

煮込みハンバーグ
いんげんのソテー
キャロットラペ

1021kcal

段取りポイント

作りおきを活用

ハンバーグは作りおきを活用。冷凍保存している場合は、前の夜に冷蔵庫に移して解凍しておくとよい。朝、解凍する場合は電子レンジで解凍を。

噛むたびに
肉のうま味が口の中で
じんわり広がる

材料（1人分）

煮込みハンバーグ 497kcal

ハンバーグ（作りおき）
…大2個（電子レンジで解凍）
➡作り方はP.142
マッシュルーム…2個（薄切り）
Ⓐ トマトケチャップ、中濃ソース、酒か赤ワイン…各大さじ1
Ⓐ 砂糖…小さじ½

いんげんのソテー 36kcal

いんげん
…5本（3〜4等分に切る）
バター…小さじ1
塩、こしょう…各少々

キャロットラペ 98kcal

にんじん…50g（ピーラーでむく）
レーズン…小さじ1（ぬるま湯で戻す）
くるみ…2かけ
Ⓑ フレンチドレッシング（市販品）…小さじ2
Ⓑ カレー粉…少々

※お弁当箱の容量は750㎖

ご飯…250g 390kcal

1 いんげんとくるみを電子レンジで加熱する。

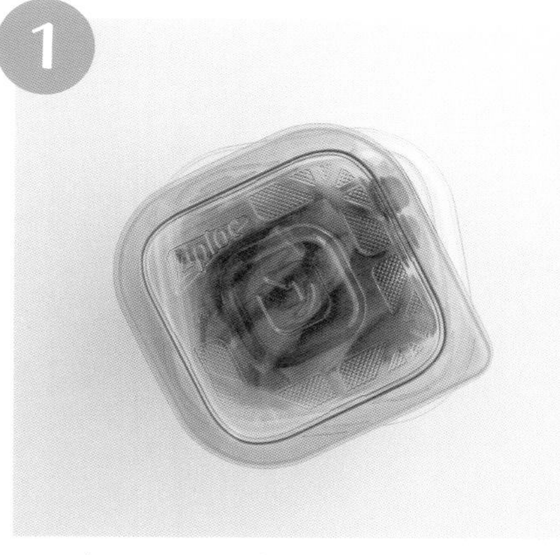

いんげんをコンテナ（130㎖）に入れてふたをのせ、電子レンジで30秒加熱する。くるみはラップをして30秒加熱し、刻む。

2 にんじんをゆでる。

にんじんを1分弱ゆでて、水けをきる。

3 にんじんとレーズン、くるみをあえる。

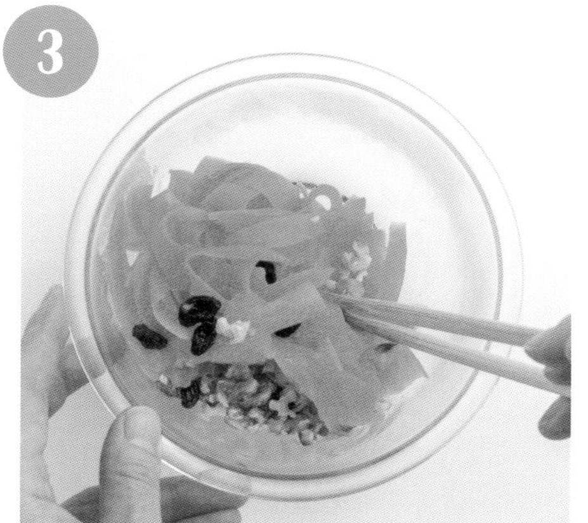

にんじんとレーズン、くるみを🅑であえる。

4 いんげんとマッシュルームをソテーする。

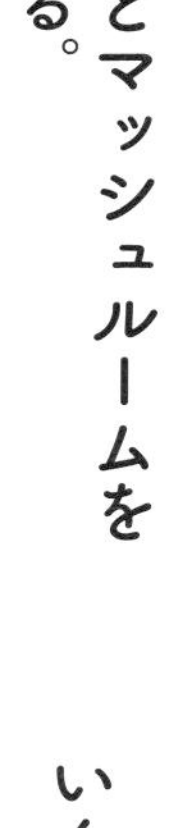

バターを溶かし、フライパンの半分でいんげんとマッシュルームをそれぞれソテーする。

5 いんげんに味つけする。

いんげんに、塩、こしょうで味つけする。

6 ハンバーグを作る。

❹のフライパンで🅐を煮立て、ハンバーグとマッシュルームを加えてからめる。

▶▶▶ ご飯➡煮込みハンバーグ➡キャロットラペ➡いんげんのソテー（にんじんといんげんはどちらが先でもOK）の順に詰める。

そぼろ弁当

鶏そぼろ
炒り玉子
ゆでスナップえんどう
甘酢しょうが

665kcal

食べごたえ、彩り、
満足感と三拍子そろった
お弁当の定番メニュー

調理ポイント

少し汁けを残す

鶏そぼろは冷めるとひき肉に汁けが戻るので、汁けを少し残して火を止めるとよい。

材料（1人分）

鶏そぼろ　147kcal

鶏ひき肉…200g

- Ⓐ しょうゆ、砂糖…各大さじ2
- Ⓐ 酒…大さじ1
- Ⓐ しょうがの絞り汁…小さじ1

※分量は作りやすい3人分。残りは1人分ずつ冷凍保存しておくと、便利。

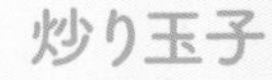

炒り玉子　75kcal

卵…1個（割り溶く）
塩…ひとつまみ
みりん…小さじ½

※お弁当箱の容量は750㎖

ゆでスナップえんどう　45kcal

スナップえんどう…5本（スジを取る）

- Ⓑ ごま油…小さじ½
- Ⓑ 塩、砂糖…各少々

甘酢しょうが（作りおき）…適量
➡作り方はP.140

刻みのり…適量

ご飯…250g　398kcal（甘酢しょうが、のり含む）

1 スナップえんどうをゆで、味つけする。

スナップえんどうを1分ゆでて水けをきり、斜めに切って❸であえる。

2 鶏そぼろを作る。

鶏ひき肉、❹を入れ、菜箸数本でよく混ぜる。中火にかけ、ポロポロになるまで炒る。

3 炒り玉子を作る。

フライパンをふき、材料全部を入れてよく混ぜ合わせる。強めの弱火で、菜箸数本でかき混ぜる。少し固まってきたら、余熱で火を通す。

4 お弁当箱に詰めていく。

ご飯を詰めて刻みのりをちらす。

5 鶏そぼろ、炒り玉子をのせる。

お弁当箱の約半分に鶏そぼろ、約4分の1に炒り玉子をのせる。

6 ゆでスナップえんどう、甘酢しょうがをのせる。

残りのスペースにゆでスナップえんどうをのせ、甘酢しょうがを添える。

鮭の塩麹焼き弁当

鮭の塩麹焼き
焼きパプリカ＆焼きねぎ
豆苗のからしあえ

509kcal

ふんわり、しっとり
うま味たっぷり！
ご飯がすすむおかず

段取りポイント

1カ月冷凍保存可能

鮭はできれば前の夜に塩麹をなじませ、冷蔵庫に入れておくと時短に。この状態であれば、1カ月冷凍保存OK。さば、さわら、ぶりでもおいしくできる。

材料（1人分）

鮭の塩麹焼き　231kcal

生鮭…1切れ（100〜120g）
塩麹…小さじ2

焼きパプリカ＆焼きねぎ　21kcal

パプリカ（黄）
…¼個（4cm長さに切る）
長ねぎ
…⅓本（切り込みを浅く入れ、4cm長さに切る）

豆苗のからしあえ　23kcal

豆苗…50g（ざく切りにする）
A からし…小さじ¼
　しょうゆ、みりん…各小さじ½

ご飯…150g　234kcal

※お弁当箱の容量は450mℓ

1 鮭に塩麹で味をつける。

まな板にラップを敷き、鮭に塩麹を両面に塗る。

2 塩麹をなじませる。

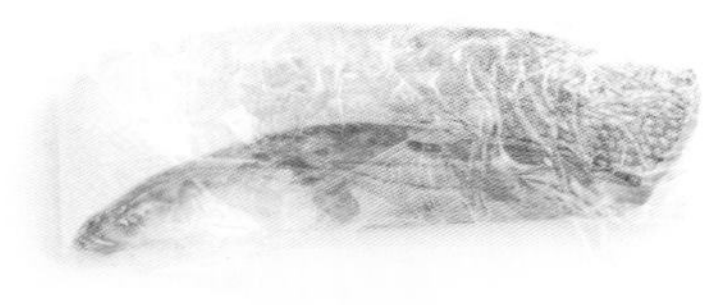

ラップで包み、10分くらいおく。

3 豆苗をゆでる。

豆苗はゆでて、水けを絞る。

4 豆苗に味つけする。

ボウルに豆苗を入れ、Ⓐであえる。

5 鮭と野菜を焼く。

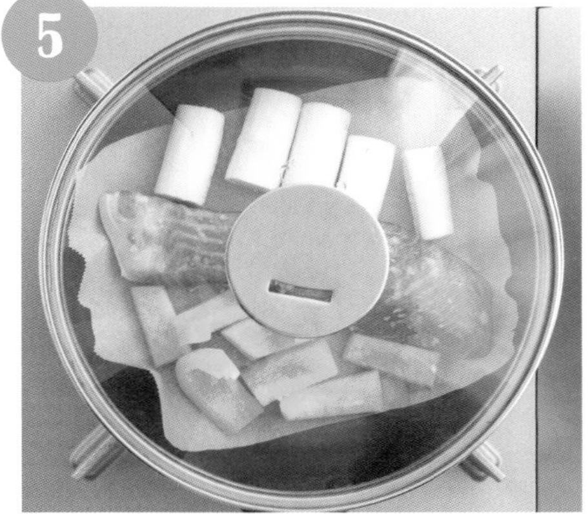

クッキングシートを敷き、鮭の皮を下にしておき、長ねぎ、パプリカをおく。ふたをして焼く。

6 上下を返して、さらに焼く。

弱火で8～10分焼き、上下を返して2分焼く。

▶▶▶ ご飯➡鮭の塩麹焼き➡焼きパプリカ＆焼きねぎ➡豆苗のからしあえの順に詰める。

焼き肉弁当

焼き肉
チンゲン菜ともやしの炒めもの
ミニトマトのごまあえ
ザーサイ

774kcal

ねぎ塩だれがたまらない！
胃袋がダイレクトに
喜ぶガッツリ弁当

材料（1人分）

焼き肉　350kcal

牛もも肉（焼き肉用）…120g
Ⓐ ねぎ塩だれ…大さじ2
➡作り方はP.48
Ⓐ しょうゆ…小さじ½
サラダ油…大さじ½

※お弁当箱の容量は750㎖

チンゲン菜ともやしの炒めもの　50kcal

チンゲン菜…½株
（軸は縦に棒状、葉はざく切り）
もやし…50g
サラダ油…小さじ1
鶏がらスープの素（顆粒）…ひとつまみ
塩、粗びき黒こしょう…各少々

ミニトマトのごまあえ　57kcal

ミニトマト…5〜6個
（ヘタを取り、縦半分に切る）
Ⓑ 黒すりごま…小さじ2
Ⓑ しょうゆ…小さじ⅓
Ⓑ 砂糖…少々

ザーサイ（市販品）
…適量（みじん切り）

ご飯…200g　317kcal（ザーサイ含む）

1 チンゲン菜の軸ともやしを炒める。

サラダ油を中火で熱し、チンゲン菜の軸ともやしを先に入れ、さっと炒める。

2 チンゲン菜の葉を加える。

時間差で葉を加え、さらに炒める。

3 チンゲン菜ともやしに味つけする。

鶏がらスープの素を入れてさっと炒め、塩、粗びき黒こしょうで味を調える。

4 牛肉を焼く。

❸のフライパンをふき、サラダ油を中火で熱し、牛肉の両面を焼き、しっかり火を通す。

5 牛肉に味つけする。

Ⓐを加えて牛肉にからめる。

6 ミニトマトのごまあえを作る。

ボウルにミニトマトを入れ、Ⓑであえる。

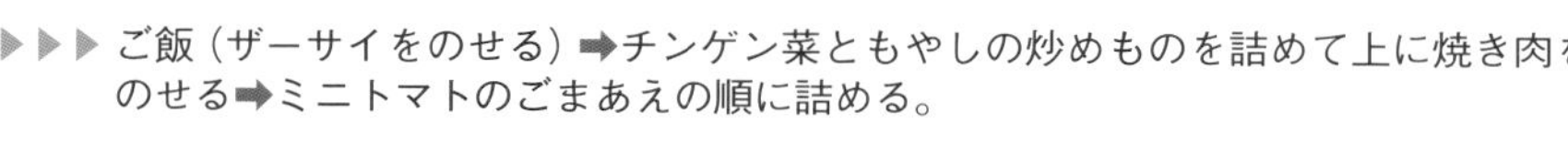

▶▶▶ ご飯（ザーサイをのせる）➡チンゲン菜ともやしの炒めものを詰めて上に焼き肉をのせる➡ミニトマトのごまあえの順に詰める。

豚汁&おにぎり弁当

豚汁
おにぎり

619kcal

具だくさんの豚汁なら
おかずは不要。
主食はおにぎりで

段取りポイント

根菜は切って保存もOK

大根、にんじん、ごぼうは切ってから冷凍保存しておくと便利。1カ月冷凍保存OK。汁ものもフライパンで作ると、沸騰するのも早いので時短に。

材料（1人分）

豚汁　230kcal

豚こま切れ肉…50g
大根…50g（5㎜幅のいちょう切り）
にんじん…30g（5㎜幅のいちょう切り）
ごぼう…30g（斜め薄切り）
こんにゃく…30g（5㎜幅の半月切り）
サラダ油…小さじ1
だし汁…1½カップ
みりん…小さじ1
みそ…小さじ2
青ねぎ…適量（小口切り）

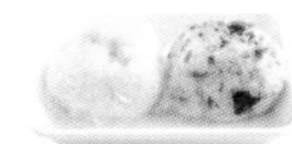

おにぎり　389kcal

ご飯…200g
鮭フレーク（作りおき）…15g
青菜とじゃこのふりかけ（作りおき）…15g

➡ともに作り方はP.138

※スープジャーの容量は400㎖

1 大根とにんじん、ごぼう、こんにゃくを炒める。

サラダ油を中火で熱し、大根とにんじん、ごぼう、こんにゃくに油が回るまで炒める。

2 だし汁を加え、煮る。

だし汁を加えてふたをし、5分くらい煮る。

3 鮭おにぎりを作る。

小さめのバットにラップを敷いて塩適量（分量外）をまんべんなくふり、ご飯100gを広げ、鮭フレークをのせ、ラップごと包む。

4 青菜とじゃこおにぎりを作る。

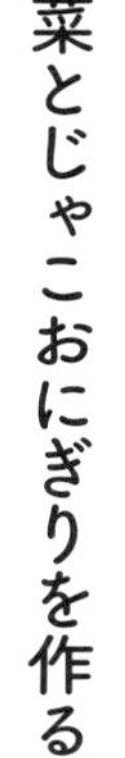

ボウルにご飯100gを入れて青菜とじゃこのふりかけを加え、混ぜ合わせる。ラップに広げ、ラップごと包む。

5 豚肉を加える。

❷に豚肉を加える。温度が下がるのを防ぐため、少しずつ入れる。

6 みそを溶き入れる。

豚肉の色が変わったら、みりんを加え、みそを溶き入れる。

▶▶▶ スープジャーに豚汁を注ぎ入れ、青ねぎをちらす。

ドライカレー弁当

ドライカレー
れんこんツナサラダ

856kcal

スパイス香るひき肉と
白米の黄金コンビ、
激うまドライカレー

材料（1人分）

ドライカレー 347kcal

合いびき肉…100g
ピーマン…1個（みじん切り）
玉ねぎ…¼個（みじん切り）
サラダ油…大さじ½
カレー粉…大さじ½
A トマトジュース…½カップ
A 砂糖…小さじ½
A 塩…小さじ⅕

れんこんツナサラダ 119kcal

れんこん…50g（半月切り）
枝豆（冷凍）…8さや
ツナ缶（ノンオイル）…小½缶（約35g）
フレンチドレッシング（市販品）…大さじ1

ご飯…250g 390kcal

※お弁当の容量は700㎖

段取りポイント

みじん切りしておく

手間のかかる玉ねぎとピーマンのみじん切りは、前の夜に切ってラップをして冷蔵庫へ。また、少し多めに切って冷凍しておくと便利。1カ月冷凍保存OK。

1 れんこんと枝豆をゆでる。

れんこんと枝豆をゆでて、水けをきる。枝豆はさやから出す。

2 れんこんと枝豆に味つけする。

れんこんと枝豆をボウルに入れて汁をきったツナを加え、ドレッシングであえる。

3 ピーマンと玉ねぎを炒める。

サラダ油を中火で熱し、ピーマンと玉ねぎをしんなりするまで炒める。

4 ひき肉を加え、炒める。

ひき肉を加え、ポロポロになるまで炒める。

5 カレー粉を加え、炒める。

カレー粉を加え、全体になじむまで炒める。

6 トマトジュース、調味料を加え、炒める。

Ⓐを加えて汁けがなくなるまで炒める。

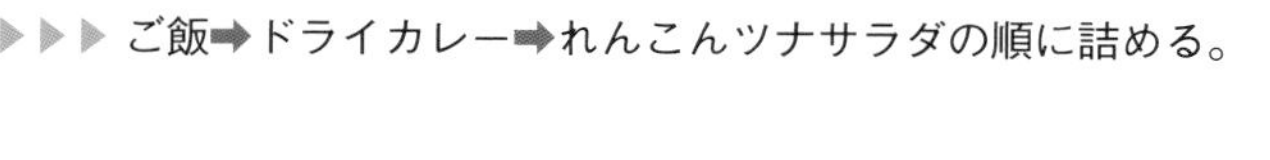

▶▶▶ ご飯➡ドライカレー➡れんこんツナサラダの順に詰める。

ビビンバ弁当

焼き肉
ナムル

材料（1人分）

焼き肉　329kcal

牛もも肉（焼き肉用）…100〜120g
焼き肉のたれ（作りおき）…大さじ2弱
➡作り方はP.48
サラダ油…小さじ1
糸唐辛子…少々
コチュジャン…小さじ½

ナムル　60kcal

もやし…30g
にんじん…30g（せん切り）
ほうれん草…2株（60g）
A 塩…小さじ⅕
A ごま油…小さじ1

ご飯…250g　390kcal

※お弁当の容量は900㎖

1 牛肉にたれをもみ込む。

牛肉にたれをもみ込み、10分くらいおく。

2 もやしとにんじんをゆでる。

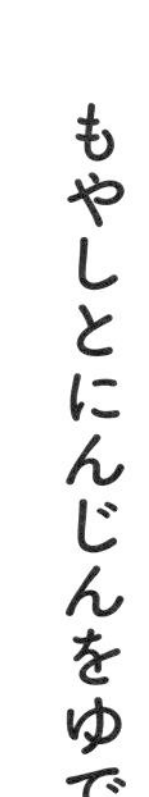

もやしとにんじんを1分くらいゆでてざるにあげる。

3 同じ湯でほうれん草をゆでる。

同じ湯でほうれん草を1分くらいゆで、水けを絞る。

4 ほうれん草を切る。

ほうれん草を食べやすい長さに切る。

5 にんじんともやし、ほうれん草に味つけする。

にんじんともやし、ほうれん草をⒶであえる。

6 牛肉を焼く。

サラダ油を中火で熱し、牛肉の両面を焼き、中まで火を通す。

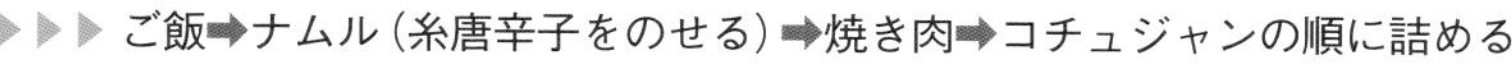

▶▶▶ ご飯➡ナムル（糸唐辛子をのせる）➡焼き肉➡コチュジャンの順に詰める。

COLUMN

お弁当作りに便利なたれ

塩、こしょうをふってささっと肉を焼くだけでもお弁当のおかずにはなりますが、自家製の〝たれ〟を使えば、ワンランク上の味に。作っておけば便利なたれを紹介します。

P.40の焼き肉弁当で使っています！

保存期間 冷蔵で1週間

ねぎ塩だれ

373kcal

材料（作りやすい分量）

長ねぎ…大1本
塩…小さじ½強
ごま油…大さじ3

作り方

1 長ねぎをみじん切りにする。
2 長ねぎを保存容器に入れ、塩をふってなじませる。
3 ごま油を加えて、混ぜ合わせる。

P.46のビビンバ弁当で使っています！

保存期間 冷蔵で1週間

焼き肉のたれ

323kcal

材料（作りやすい分量）

しょうゆ、すりごま…各大さじ2
酒、ごま油…各大さじ1⅓
砂糖…大さじ1
おろしにんにく…小さじ⅔
こしょう…少々

作り方

材料をすべて混ぜ合わせる。

PART 3

ボリューム弁当＆ヘルシー弁当

勉強はもちろん、部活動などでも
お弁当は、午後の活動を支える
大切なエネルギー源になります。
部活動は、体育会系か文化系かなど
活動量によって必要なカロリーが異なるので、
子どもに合わせたお弁当を作りましょう。

ボリューム弁当&ヘルシー弁当

ボリューム弁当とは

主菜となる肉や魚のたんぱく源のおかずは揚げる、焼くなど油を使ったものがおすすめ。副菜なども多めに入れます。主食のご飯は200～250g（ご飯茶碗大盛り約1杯）が目安。おかず、ご飯ともにボリューム感を出しましょう。

800～1000kcal

部活動は体育会系で運動量多めという中高生に

筋力や持久力などアップのために欠かせないのが肉や魚のたんぱく質。長時間の練習や、戦略を考えるときにエネルギー源となる糖質も必要です。主菜は肉や魚をメインにし、副菜はケガ予防や疲労回復、体を整えるのに必要な緑黄色野菜を使ったものがおすすめ。カロリーは男女、個人で若干差がありますが、800～1000㎉が目安。

食べ盛り、伸び盛りでも、部活動をやっているか、スポーツ系か文化系かによってお弁当の量は異なります。使う食材は同じでも、ボリューム弁当なら主菜も副菜もご飯も多めに、ヘルシー弁当はボリューム弁当より少なめにします。

ヘルシー弁当とは

主菜はボリューム弁当よりも低脂質で高たんぱく質のものを使い、ゆでる、蒸すなどの調理法がいいでしょう。脂質が多い食材を使う場合は、量を少なめにし、野菜を多めに入れるようにします。ご飯の量は150g（ご飯茶碗約1杯分）が目安。

低脂質で高たんぱく。健康的な野菜たっぷり弁当

体育会系に比べて活動強度が弱い文化系には、主菜になる肉や魚のおかずとご飯の量を少なめに。その分、野菜を使った副菜を多めにします。成長期でエネルギーがいちばん必要な時期とはいえ、体育会系と同じようなカロリーを摂取すると肥満につながることも。カロリーは男女、個人で若干差がありますが、500～600㎉が目安。

500～600kcal

ボリューム弁当

ポークソテー弁当

ポークソテー
マカロニサラダ
ほうれん草とコーンのバター炒め

868kcal

豚肉は冷めても
やわらか。たっぷり
マカロニサラダと
ほうれん草炒めを入れて

段取りポイント

マカロニは早ゆでを

マカロニは早ゆで用を使うと時短になる。また、マカロニとほうれん草は同じ湯でゆでるが、ほうれん草を先にゆでるとアクが出るので、マカロニを先にゆでる。

材料（1人分）

ポークソテー 304kcal

豚ロース肉…1枚（100〜120g・すじを切り、1.5㎝幅に切る）
塩、粗びき黒こしょう…各少々
オリーブ油…小さじ1
Ⓐ トマトケチャップ、中濃ソース…各大さじ½

マカロニサラダ 120kcal

マカロニ（早ゆで用）…20g
ロースハム…1枚（5㎜幅に切る）
きゅうり…⅕本（薄切りにし、塩少々でもむ）
マヨネーズ…小さじ1

※お弁当箱の容量は950㎖

ほうれん草とコーンのバター炒め 51kcal

ほうれん草…2株（60g）
ホールコーン（缶詰か冷凍）…大さじ1
バター…小さじ1
塩、こしょう…各少々

黒ごま…適量

ご飯…250g　393kcal（黒ごま含む）

1 マカロニをゆでる。

マカロニを袋の表示時間通りにゆで、水けをきる。

2 同じ湯でほうれん草をゆでる。

同じ湯でほうれん草を30秒くらいゆで、水けを絞る。

3 ほうれん草を切る。

ほうれん草を食べやすい長さに切る。

4 マカロニサラダを作る。

マカロニとハム、きゅうりを混ぜ合わせ、マヨネーズで味つけする。

5 ほうれん草とコーンをバターで炒める。

フライパンにバターを溶かし、ほうれん草とコーンを炒め、塩、こしょうで味を調える。

6 豚肉を焼き、ソースを作る。

豚肉に塩、粗びき黒こしょうをふる。オリーブ油を中火で熱し、豚肉を両面焼いて取り出す。キッチンペーパーで油をふき取り、Ⓐを入れ、火を通す。

▶▶▶ ご飯（黒ごまをふる）➡ポークソテー➡ほうれん草とコーンのバター炒め➡マカロニサラダ➡ソースの順に詰める。

853kcal

ステーキ弁当

ステーキ
焼きなす&焼き玉ねぎ&焼きミニトマト

腹ペコでも大満足！
野菜は肉と一緒に焼いて。
活力が出る豪華弁当

材料（1人分）

ステーキ 422kcal

牛肉（ステーキ用）…1枚
（100〜120g・1.5cm幅に切る）
塩、こしょう…各少々
粗びき黒こしょう…少々
Ⓐ しょうゆ、酒、みりん…各小さじ1
おろしにんにく…少々
バター…小さじ½

焼きなす&焼き玉ねぎ&焼きミニトマト 41kcal

なす…小1本（60g・7mm幅の斜め切り）
玉ねぎ…1枚（1cm厚さの輪切りにし、半分に切る）
ミニトマト…2個（ヘタを取る）
サラダ油…小さじ1
塩…少々

ご飯…250g 390kcal

※お弁当箱の容量は800mℓ

作り方

1 玉ねぎはつまようじに刺す。

焼くときに、玉ねぎがバラバラにならないようにつまようじに刺す。

2 玉ねぎとなす、ミニトマトを焼く。

フライパンにサラダ油を中火で熱し、玉ねぎとなす、ミニトマトを焼く。
焼き色がついたら塩で味つけする。

3 牛肉を焼く。

牛肉に塩、こしょうをふり、❷のフライパンで野菜と一緒に色がつくまで両面焼く。

4 牛肉をアルミホイルに包む。

牛肉をフライパンから取り出してアルミホイルに包み、余熱で中までしっかり火を通す。

5 ステーキソースを作る。

❹のフライパンにバター以外のⒶを入れ、中火で煮立てる。

6 ソースを仕上げる。

❺にバターを加え、しっかり溶かし、火を止める。

調理ポイント

お弁当の肉は切って焼く

牛肉でもお弁当の場合は中までしっかり火を通す。切ってから焼くと中までよく火が通る。ポークソテーも同じ。アルミホイルに包んで余熱で火を通すと、肉汁が行きわたり、うま味が閉じ込められる。

▶▶▶ ご飯➡ステーキ（粗びき黒こしょうをふる）➡焼きなす➡焼き玉ねぎ➡焼きミニトマト➡ソースの順に詰める。

ボリューム弁当

ミニとんかつ弁当

ミニとんかつ
甘辛かぼちゃ
キャベツの塩昆布あえ

816kcal

食べやすいサイズの
とんかつにキャベツの副菜。
甘辛いかぼちゃもおいしい！

材料（1人分）

ミニとんかつ 398kcal

豚ひれ肉…120g（3等分に切る）
塩、こしょう…各少々
水溶き小麦粉
…小麦粉大さじ1強、牛乳小さじ2
パン粉…適量
中濃ソース…適量

甘辛かぼちゃ 93kcal

かぼちゃ…50g
（5〜7㎜厚さのいちょう切り）
サラダ油…適量
A［メープルシロップ、しょうゆ
…各小さじ1

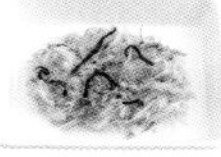

キャベツの塩昆布あえ 12kcal

キャベツ…50g（せん切り）
塩昆布…ひとつまみ

ゆかり…適量

ご飯…200g 313kcal（ゆかり含む）

※お弁当箱の容量は800㎖

作り方

1 かぼちゃを素揚げする。
フライパンにサラダ油を2㎝深さくらい入れて150℃に熱し、かぼちゃを揚げる。

2 かぼちゃに味つけする。
ボウルにAを混ぜ合わせ、かぼちゃを加え、あえる。

3 豚肉をたたく。
豚肉をラップで包み、麺棒などで面積が2倍になるくらいにたたく。

4 豚肉に下味をつけ、衣をつける。
豚肉に塩、こしょうをふり、水溶き小麦粉とパン粉をつける。

5 とんかつを揚げる。
❶のサラダ油を170℃に熱し、❹の豚肉を揚げ、中までしっかり火を通す。

6 キャベツの塩昆布あえを作る。
コンテナ（130㎖）にキャベツを入れてふたをのせ、電子レンジで1分加熱する。塩昆布を加え、あえる。

段取りポイント

前夜に下ごしらえを

豚肉は前の夜に衣をつけておくと朝の作業がラク。その場合、ラップをして冷蔵庫に入れる。かぼちゃも切っておくと時短に。

調理ポイント

メープルシロップで

かぼちゃは砂糖よりもメープルシロップで味つけすると、マイルドな甘みに仕上がる。

▶▶▶ ご飯（ゆかりをふる）➡ミニとんかつ➡甘辛かぼちゃ➡キャベツの塩昆布あえ➡ソースの順に詰める。

ボリューム弁当

油淋鶏（ユーリンチー）弁当

- 油淋鶏
- 揚げなす
- チンゲン菜の桜えびあえ
- 炒り玉子

1067kcal

香味野菜が香る
甘酢だれはご飯との
相性もバッグン！

材料（1人分）

油淋鶏　443kcal

鶏もも肉…100g
Ⓐ［塩、こしょう…各少々
　 酒…大さじ1
卵…1個（割り溶く）
片栗粉…適量
Ⓑ［長ねぎ（みじん切り）、しょうゆ、砂糖、酢
　　…各大さじ1
　 ごま油…小さじ1
　 おろししょうが、おろしにんにく…各少々

揚げなす　114kcal

なす…1本（乱切り）
片栗粉…適量
サラダ油…適量

チンゲン菜の桜えびあえ　28kcal

チンゲン菜…½株（50g）
桜えび…少々
Ⓒ［ごま油、オイスターソース
　　…各小さじ½

炒り玉子…適量

ご飯…250g　482kcal（炒り玉子含む）

※お弁当箱の容量は950mℓ

作り方

1 鶏肉に下味をつけ、衣をつける。

鶏肉にⒶで下味をつけ、溶き卵にくぐらせて片栗粉をまぶす。

2 チンゲン菜をゆでる。

塩と油各少々（分量外）を入れた湯でチンゲン菜を1分くらいゆでる。

3 チンゲン菜を切る。

チンゲン菜の水けを絞り、食べやすい長さに切る。

4 チンゲン菜と桜えびに味つけする。

ボウルにⒸを混ぜ合わせ、チンゲン菜と桜えびを入れ、全体にざっくり混ぜる。

5 余った溶き卵で炒り玉子を作る。

フライパンにサラダ油小さじ1（分量外）を熱し、余った溶き卵に塩、こしょう各少々（分量外）をふり、炒る。

6 なすを揚げる。

なすに片栗粉をまぶし、フライパンにサラダ油を2cm深さくらい入れて170℃に熱し、さっと揚げる。

7 鶏肉を揚げる。

❻と同じ油で❶の鶏肉を揚げ、中までしっかり火を通す。

8 油淋鶏を切る。

油淋鶏を食べやすい大きさに切る。

9 油淋鶏のたれを作る。

器にⒷをすべて入れ、混ぜ合わせる。

段取りポイント

揚げものは野菜から

揚げものは、なす、鶏肉の順に揚げると、なすがきれいに揚がる。余った卵は炒り玉子にして。

▶▶▶ ご飯（炒り玉子をのせる）➡油淋鶏➡揚げなす➡チンゲン菜の桜えびあえ➡たれの順に詰める。

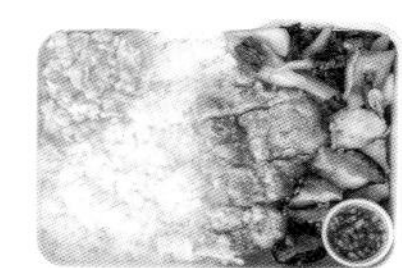

ボリューム弁当

かじきまぐろのカレーピカタ弁当

かじきまぐろのカレーピカタ
ジャーマンポテト
ブロッコリーのオイマヨ

843kcal

骨がないかじきまぐろは食べやすく、お弁当の主菜にもぴったり

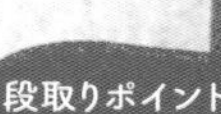

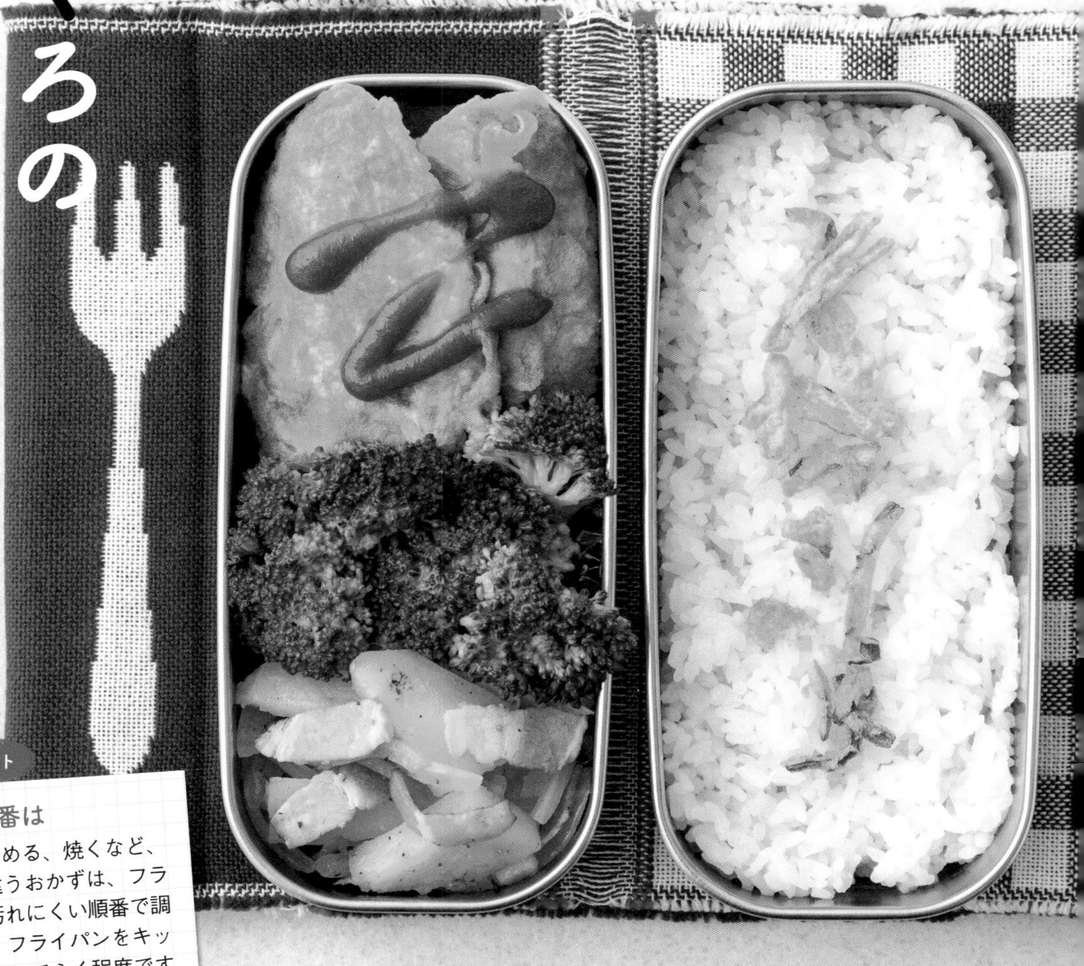

段取りポイント

調理の順番は

ゆでる、炒める、焼くなど、調理法が違うおかずは、フライパンが汚れにくい順番で調理すると、フライパンをキッチンペーパーでふく程度ですむので、調理がスムーズ。

材料（1人分）

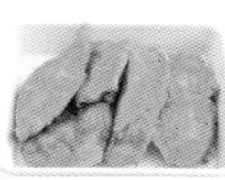

かじきまぐろのカレーピカタ 316kcal

かじきまぐろ…1切れ（100g・そぎ切り）
Ⓐ 塩、こしょう…各少々
　 カレー粉…小さじ1/4
卵…1個（割り溶く）
粉チーズ…小さじ1
小麦粉…小さじ2
オリーブ油…小さじ2
トマトケチャップ…適量

ジャーマンポテト 172kcal

じゃがいも
…1/2個（いちょう切り）
玉ねぎ…1/8個（薄切り）
ベーコン…1枚（1cm幅に切る）
オリーブ油…小さじ1
フレンチドレッシング（市販品）
…小さじ2

ブロッコリーのオイマヨ 33kcal

ブロッコリー…3房
Ⓑ オイスターソース、
　 マヨネーズ…各小さじ1/2

フライドオニオン（市販品）
…適量

ご飯…200g 322kcal
（フライドオニオン含む）

※お弁当箱の容量は800mℓ

作り方

1 じゃがいもをゆでる。
じゃがいもを塩少々（分量外）を入れた湯で1分くらいゆで、水けをきる。

2 ブロッコリーをゆでる。
同じ湯でブロッコリーをさっとゆで、水けをきる。

3 ブロッコリーに味つけする。
ボウルにⒷを混ぜ合わせ、ブロッコリーを入れてあえる。

4 ジャーマンポテトの材料を炒める。
フライパンにオリーブ油を中火で熱し、玉ねぎ、❶のじゃがいも、ベーコンを炒める。

5 ジャーマンポテトに味つけする。
❹にドレッシングを加えて、からめる。

6 かじきまぐろに下味をつける。
かじきまぐろにⒶで下味をつける。

7 かじきまぐろに衣をつける。
溶き卵に粉チーズを混ぜ合わせ、卵液を作る。かじきまぐろに小麦粉をまぶし、卵液にくぐらせる。

8 かじきまぐろを焼く。
フライパンにオリーブ油を中火で熱し、かじきまぐろを両面焼き、中までしっかり火を通す。

▶▶▶ ご飯（フライドオニオンをちらす）➡かじきまぐろのカレーピカタ（ケチャップをかける）➡ブロッコリーのオイマヨ➡ジャーマンポテトの順に詰める。

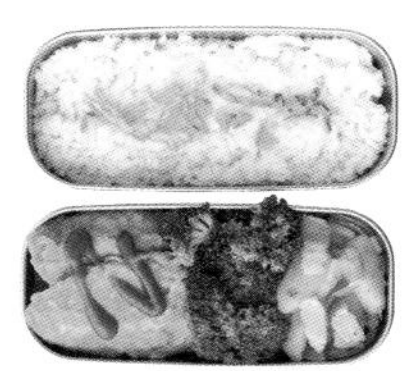

牛しゃぶ弁当

牛しゃぶと水菜の梅ソースあえ
和風コールスロー

558kcal

梅肉とポン酢で
あえてさっぱりと
体の中から元気に

調理ポイント

沸騰した湯でゆでない

牛肉は沸騰した湯でゆでるとかたくなるので、湯はグラグラと沸かさない。水に取るとかたくなるので、水に取らない。また、牛肉はゆでるとアクが出るので、水菜を先にゆでる。

材料（1人分）

牛しゃぶと水菜の梅ソースあえ 285kcal

牛肉（しゃぶしゃぶ用）…100g
水菜…1株
Ⓐ 梅干し…1個（種を取り、梅肉はたたく）
　ポン酢しょうゆ（市販品）、ごま油…各小さじ1

※お弁当箱の容量は700mℓ

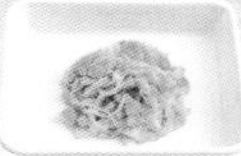

和風コールスロー 39kcal

キャベツ…50g（せん切り）
ホールコーン（缶詰か冷凍）…大さじ1
Ⓑ マヨネーズ、しょうゆ…各小さじ½

青のり…適量　ご飯…150g 235kcal（青のり含む）

1
水菜をゆでる。

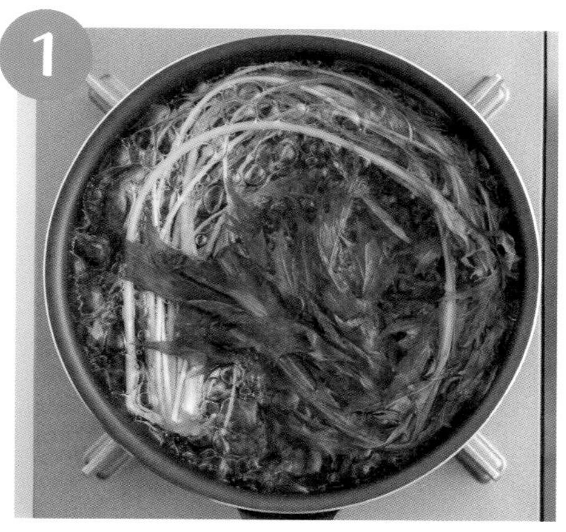

水菜をさっとゆで、水けを絞り、食べやすい長さに切る。

2
牛肉をゆでる。

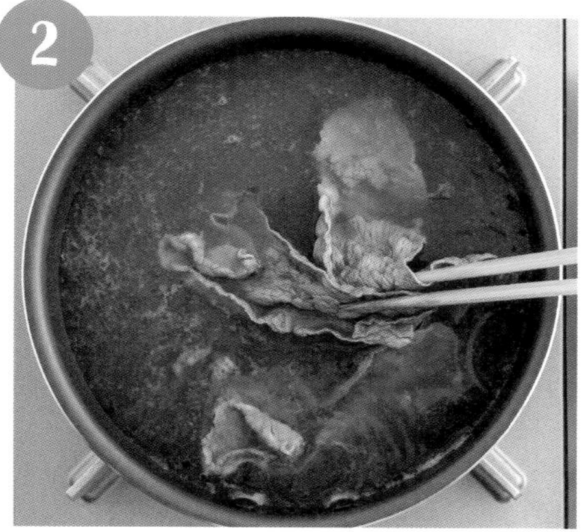

同じ湯で牛肉を赤みがなくなるまでゆで、ざるにあげて水けをきる。

3
水菜と牛肉に味つけする。

水菜と牛肉をⒶであえる。

4
キャベツとコーンをコンテナに入れる。

コンテナ（130㎖）にコーン、キャベツの順に入れる。加熱するとコーンがはじけるので、キャベツを上に。

5
電子レンジで加熱する。

ふたをのせ、電子レンジで1分加熱する。

6
キャベツとコーンに味つけする。

キャベツとコーンをⒷであえる。

▶▶▶ ご飯（青のりをふる）➡牛しゃぶと水菜の梅ソースあえ➡和風コールスローの順に詰める。

ヘルシー弁当

オクラの肉巻き弁当

オクラの肉巻き
焼きかぶのサラダ
りんご

578kcal

肉と野菜が同時に
食べられて、体にも
見た目にもやさしいおかず

材料（1人分）

オクラの肉巻き　245kcal

豚薄切り肉（しゃぶしゃぶ用）…３枚（80g）
オクラ…６本（ガクのかたい部分をむく）
にんじん…20g（ピーラーで薄切り）
塩、こしょう…各少々
小麦粉…　適量
サラダ油…小さじ２

焼きかぶのサラダ　82kcal

かぶ…1個（葉を少し残し、くし形切り）
オリーブ油…小さじ1
フレンチドレッシング（市販品）…小さじ２

りんご…1/6個（くし形切り・塩水につけておく）　17kcal

ご飯…150g　234kcal

※お弁当箱の容量は500mℓ

作り方

1 豚肉に下味をつける。

豚肉をまな板の上に広げ、塩、こしょうをふり、小麦粉をまぶす。

2 豚肉にオクラをのせ、巻く。

❶の豚肉1枚ににんじんを３分の1量、オクラ２本をのせて巻く。同様にして、肉巻きを３本作る。

3 肉巻きを焼く。

フライパンにサラダ油を熱し、肉巻きの巻き終わりを下にして中火で両面焼き、中までしっかり火を通す。

4 肉巻きに味つけする。

肉巻きに塩、こしょうで味つけする。

5 肉巻きを冷まして切る。

肉巻きを冷ましてから、２等分に切る。

6 かぶを焼く。

フライパンにオリーブ油を中火で熱し、かぶを焼く。

7 かぶに味つけする。

かぶを取り出してボウルに入れ、ドレッシングとあえる。

8 りんごを3等分する。

くし形のままでもＯＫだが、お弁当箱に入れやすい大きさに切る。

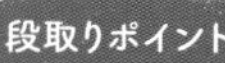

段取りポイント

朝の作業をラクに

肉巻きは前の夜にやっておくと、朝の作業がラク。巻き終わったら、ラップをして冷蔵庫へ。

▶▶▶ ご飯➡オクラの肉巻き➡焼きかぶのサラダ➡りんごの順に詰める。

スープカレー弁当

スープカレー
もち麦のおにぎり

525kcal

鶏むね肉と
もち麦のおにぎりで
ヘルシー度増し増し

材料（1人分）

スープカレー 292kcal

鶏むね肉…100g（そぎ切り）
ミニトマト…4個（ヘタを取る）
なす…½個（乱切り）
玉ねぎ…¼個（薄切り）
塩、こしょう…各少々
小麦粉…適量
サラダ油…小さじ1
水…1½カップ
コンソメ（顆粒）…小さじ½
カレールウ（好みのもの）…½かけ

もち麦のおにぎり 233kcal

米…1合
もち麦…50g

※おにぎりにするご飯…150g

※スープジャーの容量は400mℓ

作り方

1 米を洗う。
米を洗い、炊飯器の内釜に入れ、1合の目盛りまで水を注ぐ。

2 もち麦を加えて、炊く。
❶にもち麦を加えて、さっと混ぜ、水100mℓ（分量外）を加えて炊く。

3 鶏肉に下味をつける。
鶏肉に塩、こしょうをふり、小麦粉を薄くまぶす。

4 鶏肉を焼く。
フライパンにサラダ油を中火で熱し、鶏肉を色が変わるまで両面焼く。

5 なすと玉ねぎを加え、炒める。
鶏肉の色が変わったら、なすと玉ねぎを加えて炒める。

6 水、コンソメを加える。
❺に水、コンソメを加えてひと煮立ちさせる。

7 ルウとトマトを加え、完成させる。
❻にカレールウを加えて溶かす。ミニトマトを加え、ひと煮立ちさせる。

8 もち麦のおにぎりを作る。
❷のもち麦ご飯150gを2等分してにぎる。残ったもち麦ご飯はラップに包んで冷凍する。

段取りポイント

温かいままで
カレーを入れる前にスープジャーに熱湯を入れて温めておくと、カレーの温かさがキープできる。

▶▶▶ スープジャーにスープカレーを注ぎ入れる。もち麦のおにぎりはラップで包む。

ヘルシー弁当

サンドイッチ弁当

チキンサンド
アボカドサンド
オレンジ

575kcal

塩バターパンは
噛みごたえがあるので
満足度アップ！

材料（1人分）

チキンサンド　295kcal

鶏むね肉…50g（そぎ切り）
塩、こしょう…各少々
オリーブ油…大さじ½

アボカドサンド　263kcal

アボカド…¼個（縦に薄切り）
カレー粉、塩…各少々
マヨネーズ…小さじ1

塩バターパン…2個（100g・側面に切れ込みを入れる）
粒マスタード…大さじ½
レタス…大1枚（洗って水けをふき、大きめにちぎる）
トマト…¼個（輪切り）

オレンジ…⅓個（くし形切り）

17kcal

作り方

1 鶏肉に下味をつける。

鶏肉に塩、こしょうをふる。

2 鶏肉を焼く。

フライパンにオリーブ油を中火で熱し、鶏肉を両面焼き、中までしっかり火を通す。

3 アボカドを焼く。

同じフライパンでアボカドを両面焼く。

4 アボカドに味つけする。

アボカドにカレー粉と塩で味つけする。

5 パンに粒マスタードを塗る。

パンの内側にマスタードをまんべんなく塗る。

6 野菜と鶏むね肉をサンドする。

パン1個にレタス、トマトの順にはさみ、鶏肉をサンドする。

7 野菜とアボカドをサンドする。

もう1個のパンにもレタス、トマトの順にはさみ、マヨネーズをかけてアボカドをサンドする。

調理ポイント

塩バターパンでサンド

塩バターパンを使うと、バターを塗らなくてもよいのでカロリーダウンにつながる。野菜は水けをふき取り、パンに粒マスタードなどを塗ると、コーティングされて水っぽくならない。

▶▶▶ サンドイッチとオレンジをそれぞれ容器に詰める。

ヘルシー弁当

えのき入り焼きそば弁当

焼きそば
みかん

500kcal

麺の量は丸ごと1玉！
たっぷり野菜とえのきで
かさ増し＆カロリーダウン

材料（1人分）

焼きそば

456kcal

焼きそば麺…1玉
えのきだけ…50g（根元を切り落とし、4〜5㎝長さに切る）
むきえび…80g（背ワタを取る）
セロリ…¼本（斜め薄切り、葉はざく切り）
パプリカ（赤）…¼（細切り）
小松菜…1株（50g・ざく切り）
サラダ油…大さじ1
鶏がらスープの素（顆粒）…小さじ½
水…大さじ2
塩、粗びき黒こしょう…各少々

みかん…1個　44kcal

※お弁当箱の容量は500㎖

作り方

1 むきえびの下処理をする。

むきえびをボウルに入れ、塩、片栗粉、水各少々（すべて分量外）を加え、もみ洗いして流水で洗い、水けをふく。

2 焼きそば麺を電子レンジで加熱する。

焼きそば麺は袋の口をあけ、電子レンジで1分くらい加熱する。

3 むきえびを炒める。

フライパンにサラダ油を中火で熱し、むきえびを色が変わるまで炒める。

4 野菜を加えて炒める。

❸にセロリ、パプリカ、小松菜の軸、葉の順に加えて炒める。

5 麺とえのきだけを加え、炒める。

❹に❷の麺、えのきだけを加え、炒める。

6 鶏がらスープの素、水を入れて炒める。

鶏がらスープの素、水を加え、水分がなくなるまで炒める。

7 味を調える。

塩で味を調え、粗びき黒こしょうをふる。

調理ポイント

えのきだけでかさ増し

カロリーを減らしたいからといって、麺の量を減らすのは中高生向きではないので、麺の量はそのままに、えのきだけでかさ増しする。

▶▶▶焼きそばを詰める。

COLUMN

残ったおかず、作りおきの活用法

夕飯に作ったおかずが食べきれずに残るということも。そんなときは、小分けにして冷凍しておきましょう。お弁当用にわざわざおかずを作って冷凍にする必要はありません。いざというときのお弁当の一品に役立ちます。時間があるときに作った作りおきも活用して。

小分けの冷凍トレーを活用し、残ったおかずは冷凍保存

残ったおかずは、おかずカップに入れて（冷凍可能なものに限る）、トレーで冷凍しておくと、1カ月は保存可能。時間がない朝にはトレーから出してそのままお弁当箱に詰めれば、昼食時には解凍されて食べごろに。小分けの冷凍トレーは100円ショップやホームセンターで購入できます。サイズもいろいろあるので選べます。

中途半端に残ったおかずはおにぎりの具にする

から揚げが1個だけ、とんかつが1切れだけ残ったというような場合は、小さく切って冷凍しておき、解凍しておにぎりの具にするのも手です。から揚げやとんかつに限らず、おかずに味がついているので、どんなおかずでもご飯と混ぜれば味つきのおにぎりになります。残ったおかずをうまく活用してください。

時間がないときのお助けはやはり作りおき

いつもおかずが残るとは限りませんし、できれば時間に余裕があるときに作っておくと重宝します。鮭フレークや青菜とじゃこのふりかけ（➡ともに作り方はP.138）はふりかけとしてはもちろんのこと、ご飯に混ぜたり、おにぎりの具としても優秀です。カルシウムやたんぱく質をさりげなく摂れるのもいいところ。

PART 4

詰めない
コンテナ
弁当

保存容器として便利なコンテナ。
切った材料と調味料を入れて、
レンチンすれば
おかずが一品でき上がり！
そのままお弁当として
持っていけば、お弁当箱に
詰め替える必要もありません。
調理器具にもお弁当箱にもなる
コンテナのお弁当です。

コンテナ弁当なら詰めなくていい！

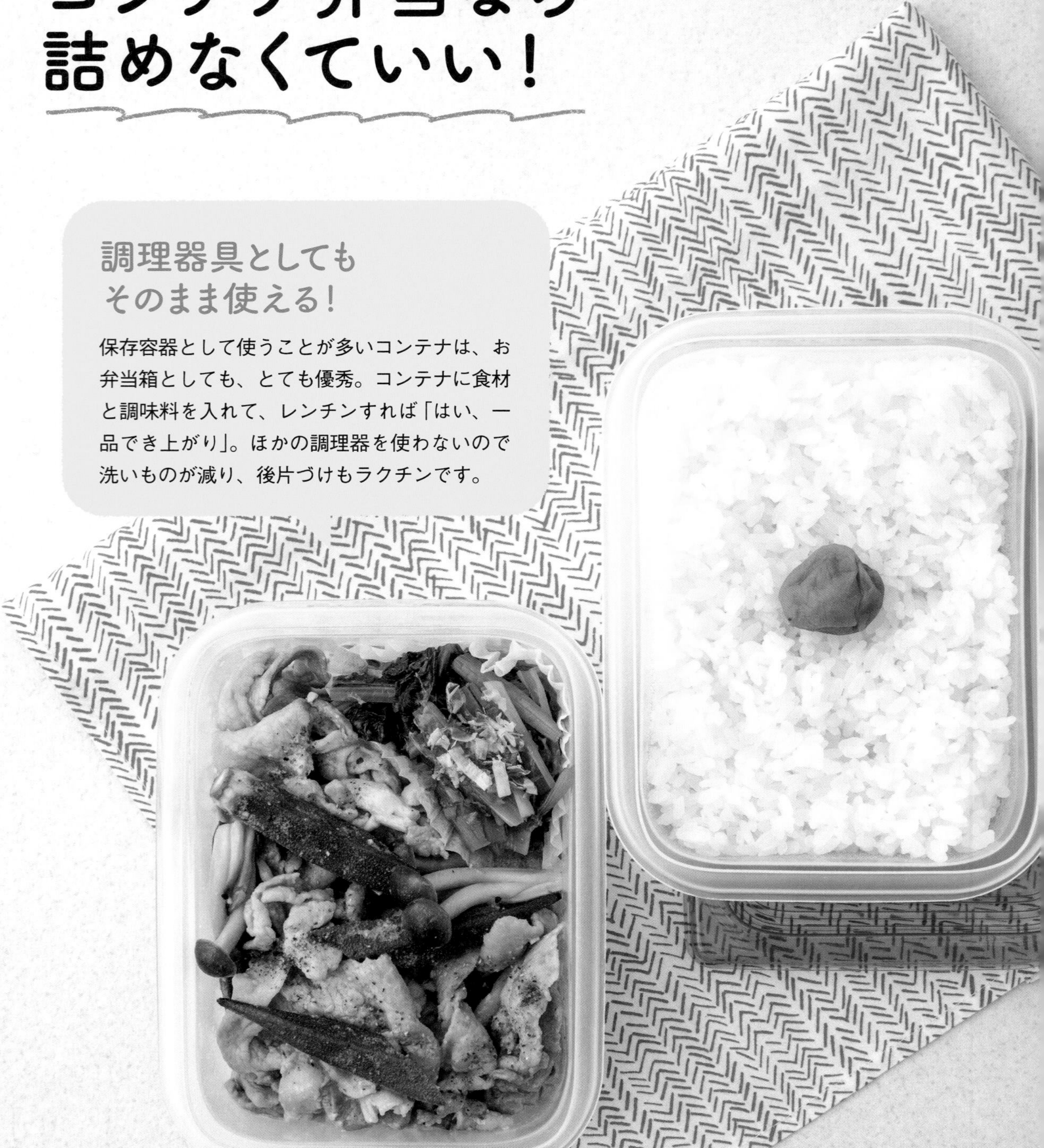

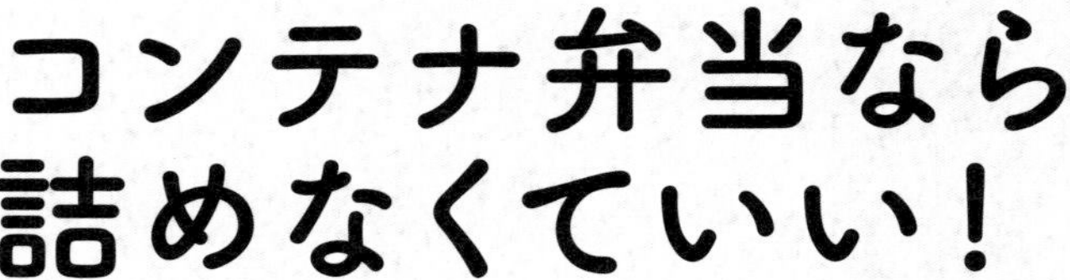

調理器具としてもそのまま使える！

保存容器として使うことが多いコンテナは、お弁当箱としても、とても優秀。コンテナに食材と調味料を入れて、レンチンすれば「はい、一品でき上がり」。ほかの調理器を使わないので洗いものが減り、後片づけもラクチンです。

食材をコンテナに入れて電子レンジで加熱するだけで一品完成。コンテナだけで完結でき、お弁当箱に詰め替える必要がないので、時短にもなり、忙しい朝に便利。
レンチンしている間にフライパンでもう一品同時進行で作れば、さらに時短になります。

そのまま お弁当として 持っていける！

コンテナは調理器具以外にお弁当箱としても使えるスグレモノ。レンチンで調理したら、詰め替える必要もありません。また、密閉力があり、一般的なパッキン付きのものより、軽くて持ち運びにも負担がかからないのもいいところ。

余計な油を使わないから カロリーダウンにもつながる

余計な油を使わないのでカロリーダウンにつながります。肉野菜炒めの場合、野菜はコンテナでレンチンし、肉はフライパンで炒め、コンテナに移して野菜と混ぜます。油は肉を炒めるときに使うだけなので少量でOK。

チンジャオロースー風弁当

チンジャオロースー風
白菜の甘酢あえ

613kcal

ピーマンだけじゃなく、
赤パプリカも入れて
栄養も彩りもアップ

段取りポイント

野菜は切ってコンテナに入れておく

前の夜に野菜を切り、コンテナに入れておくとラク。ふたをして冷蔵庫へ。朝、野菜は炒めず、コンテナごとレンチンすれば余計な油を使わずにすむうえ、詰める必要がない。

材料（1人分）

チンジャオロースー風

281kcal

牛こま切れ肉…100g（1cm幅に切る）
ピーマン…1個（種を取り、縦に細切り）
パプリカ（赤）…¼個
（種を取り、縦に細切り）
ヤングコーン…1本（細切り）
塩…少々
サラダ油…大さじ½

Ⓐ
- オイスターソース、酒…各大さじ½
- しょうゆ…小さじ½
- おろしにんにく…少々

※お弁当箱の容量は730㎖

白菜の甘酢あえ

20kcal

白菜…70g（芯は棒状、葉は1cm幅に切る）
すし酢（市販品）…小さじ1
白いりごま…少々

ご飯…200g　312kcal

1

ピーマン、パプリカ、ヤングコーンを電子レンジで加熱する。

ピーマン、パプリカ、ヤングコーンをコンテナ（300㎖）に入れて塩をふり、ふたをのせて電子レンジで1分30秒加熱する。

2

牛肉を炒める。

サラダ油を中火で熱し、肉の色が変わるまで炒める。

3

牛肉に味つけし、❶の野菜にのせる。

❷にⒶを合わせて加えて、からめる。❶の野菜にのせ、混ぜ合わせる。

4

白菜を電子レンジで加熱する。

白菜をコンテナ（130㎖）に入れてふたをのせ、電子レンジで1分加熱する。

5

白菜に味つけする。

水けを捨て、すし酢とごまを加える。

6

ふたを閉め、ふる。

コンテナを軽くふって、箸を使わずにあえる。

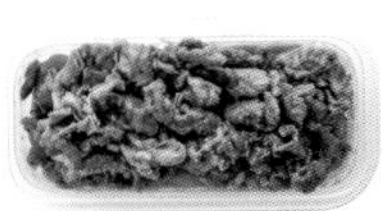

鶏肉のトマト煮弁当

鶏肉のトマト煮
マッシュルームのマスタードあえ

698kcal

トマトを使った主菜と
マッシュルームを使った副菜で
イタリアン風のお弁当に

材料（1人分）

鶏肉のトマト煮

357kcal

鶏もも肉…100g（そぎ切り）
ズッキーニ…80g（7～8㎜の半月切り）
ミニトマト…3個
（ヘタを取り、表面につまようじなどで穴をあける）
バター…小さじ1
塩、こしょう…各少々
小麦粉…適量
オリーブ油…小さじ1
トマトケチャップ…大さじ1
粉チーズ…小さじ¼

マッシュルームのマスタードあえ

19kcal

マッシュルーム…50g（5㎜幅の薄切り）
塩…少々
粒マスタード…小さじ1

フライドオニオン（市販品）…適量

ご飯…200g　322kcal（フライドオニオン含む）

※お弁当箱の容量は730㎖

作り方

1 ズッキーニとミニトマトを電子レンジで加熱する。

ズッキーニとミニトマトをコンテナ（300㎖）に入れ、塩ひとつまみ（分量外）をふり、バターをちぎって入れる。ふたをのせ、電子レンジで1分30秒加熱する。

2 鶏肉に下味をつける。

鶏肉に塩、こしょうをふり、小麦粉を薄くまぶす。

3 鶏肉を焼く。

フライパンにオリーブ油を中火で熱し、鶏肉を焼く。

4 鶏肉に味つけし、❶の野菜にのせる。

鶏肉にケチャップで味つけし、❶の野菜にのせ、粉チーズをふる。

5 マッシュルームを電子レンジで加熱する。

マッシュルームをコンテナ（130㎖）に入れて塩をふり、電子レンジで1分加熱する。

6 マッシュルームに味つけする。

❺に粒マスタードを加え、ふたを閉め、コンテナをふる。

調理ポイント

フライドオニオンが便利

市販品のフライドオニオンは常備しておくと、洋風のおかずやふりかけの代わりにも使えて便利。

さわらのホイコーロー風弁当

さわらのホイコーロー風
にんじんのザーサイあえ

695kcal

肉の代わりに
さわらの切り身を使った
変わりホイコーロー

材料（1人分）

さわらのホイコーロー風　262kcal

さわら…1切れ（100g・そぎ切り）
キャベツ…50g（3cm四方に切る）
ピーマン…1個（乱切り）
塩、酒…各少々
片栗粉…適量
サラダ油…小さじ1

Ⓐ
- 豆板醤…小さじ¼
- みそ、酒…各大さじ½
- 砂糖…小さじ½
- おろしにんにく…少々

にんじんのザーサイあえ　43kcal

にんじん…50g（せん切り）
ザーサイ（味つき）…20g（せん切り）
塩…少々
ごま油…小さじ½

ご飯…250g　390kcal

※お弁当箱の容量は960mℓ

作り方

1 キャベツとピーマンを電子レンジで加熱する。

キャベツとピーマンをコンテナ（480mℓ）に入れて塩少々（分量外）をふり、ふたをのせ、電子レンジで1分30秒加熱する。

2 さわらに下味をつける。

さわらに塩、酒をなじませ、片栗粉をまぶす。

3 さわらを焼く。

フライパンにサラダ油を中火で熱し、さわらを皮目を下にして入れ、途中上下を返して両面焼く。

4 さわらに味をつけ、❶の野菜にのせる。

❸にⒶを合わせて加え、からめる。❶の野菜にのせる。

5 にんじんを電子レンジで加熱する。

にんじんをコンテナ（130mℓ）に入れて塩をふり、ふたをのせ、電子レンジで1分加熱する。

6 にんじんにザーサイを加える。

❺にザーサイとごま油を加えてふたを閉め、コンテナをふる。

段取りポイント

さわらは下処理をしておく

さわらは前の夜に切って塩と酒をふっておくと、特有の臭みもほとんど消え、おいしくできる。ラップをして冷蔵庫で保存。

かに玉あんかけ弁当

かに玉あんかけ
スナップえんどうのなめたけあえ

628kcal

ふんわり玉子に
やさしい味わいのあんで
幸せなランチタイム

材料（1人分）

かに玉あんかけ　280kcal

卵…2個（割り溶く）
かに風味かまぼこ…1本（ほぐして長さを3等分にする）
長ねぎ…大さじ1（みじん切り）
薄口しょうゆ…小さじ1
サラダ油…大さじ1
Ⓐ
鶏がらスープの素（顆粒）、トマトケチャップ…各小さじ½
水…¼カップ
片栗粉…小さじ1

スナップえんどうのなめたけあえ　36kcal

スナップえんどう…50g（斜めに切る）
味つきなめたけ（市販品）…小さじ1
塩…少々
ごま油…小さじ¼

ご飯…200g　312kcal

※お弁当箱の容量は730㎖

作り方

1 溶き卵に具を加える。

溶き卵に長ねぎとかにかま、しょうゆを加え、ざっくり混ぜる。

↓

2 かに玉を作る。

フライパンにサラダ油を強火で熱し、❶の卵液を流し入れ、大きくかき混ぜる。

↓

3 かに玉をコンテナに詰める。

卵に完全に火を通し、コンテナ（300㎖）に詰める。

↓

4 あんを作る。

フライパンにⒶを入れ、混ぜながら中火にかける。

↓

5 かに玉にかける。

とろりとしたら、❸のかに玉にあんをかける。

↓

6 スナップえんどうを電子レンジで加熱する。

スナップえんどうをコンテナ（130㎖）に入れて塩をふり、ふたをのせ、電子レンジで1分加熱する。

↓

7 スナップえんどうになめたけを加える。

❻になめたけとごま油を加え、ふたを閉め、コンテナをふる。

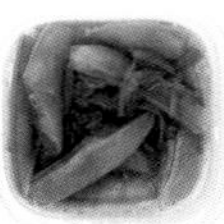

調理ポイント

卵料理は油をよく加熱して

卵は油をしっかり加熱してから調理すると、焦げつきにくい。

豚肉のマヨみそ焼き弁当

豚肉のマヨみそ焼き
小松菜おかかじょうゆあえ

741kcal

コクとうま味のある
みそマヨだれの豚肉は
クセになるおいしさ

材料（1人分）

豚肉のマヨみそ焼き　336kcal

豚こま切れ肉…120g（2〜3cm幅に切る）
オクラ…3本（斜め半分に切る）
しめじ…50g（ほぐす）
塩…少々
サラダ油…小さじ1½
Ⓐみそ、マヨネーズ、酒…各大さじ½
七味唐辛子…適宜

小松菜おかかじょうゆあえ　10kcal

小松菜…50g（3〜4cm長さに切る）
かつお節…ふたつまみ
塩…少々
しょうゆ…小さじ½

梅干し…1個

ご飯…250g　395kcal（梅干し含む）

※お弁当箱の容量は960mℓ

作り方

1 オクラとしめじを電子レンジで加熱する。

オクラとしめじをコンテナ（480mℓ）に入れて塩をふり、
サラダ油小さじ½をからませ、ふたをのせ、電子レンジで1分30秒加熱する。

2 豚肉のマヨみそ焼きを作る。

フライパンにサラダ油小さじ1を中火で熱し、豚肉を炒め、Ⓐを合わせて加え、からめる。
お好みで七味唐辛子をふる。

3 ❶のオクラとしめじと混ぜる。

❶に❷の豚肉を加え、ざっくり混ぜる。

4 小松菜を電子レンジで加熱する。

小松菜をコンテナ（130mℓ）に入れて塩をふり、
ふたをのせ、電子レンジで1分加熱する。

5 小松菜にかつお節を加える。

小松菜にしょうゆとかつお節を加えてふたを閉め、コンテナをふる。

調理ポイント

マヨネーズを活用する

マヨネーズを入れると、肉がパサつかず、しっとり仕上がる。

4 詰めないコンテナ弁当

COLUMN

お弁当便利グッズ

密閉性や抗菌など、お弁当箱売り場に行くとさまざまな特徴のお弁当箱がそろっています。
また、保冷バッグやおかずカップなど、お弁当が傷まないよう抗菌や
保冷力のあるものもたくさん。うまく利用して快適なお弁当タイムにしましょう。

漏れないお弁当箱なら持ち運びも安心

お弁当で困ることに「汁漏れ」があります。ふたにパッキンがついているタイプはもちろん、最近ではバッグに縦向きに入れても汁漏れしないお弁当箱も登場。お弁当箱自体に抗菌作用があるものも増えているので、傷み防止に役立ちます。

包める保冷シートならお弁当箱の形を選ばない

内側に保冷剤を入れるポケットがついており、四角形や丸形、二段などどんな形のお弁当箱でも包める風呂敷のような保冷シート。お弁当箱を真ん中に置き、中心に向かって四隅を折りたたむだけ。広げればランチョンマットとしても使えます。

抗菌グッズを使ってお弁当の傷みを予防

気温が上がってくると心配なのがお弁当の傷み。お弁当の上にのせるだけで雑菌の繁殖を抑えてくれる抗菌シート。効果を高めたい場合は、お弁当箱の底にも敷いてご飯やおかずを詰めます。シート以外に抗菌のおかずカップもあります。

PART 5

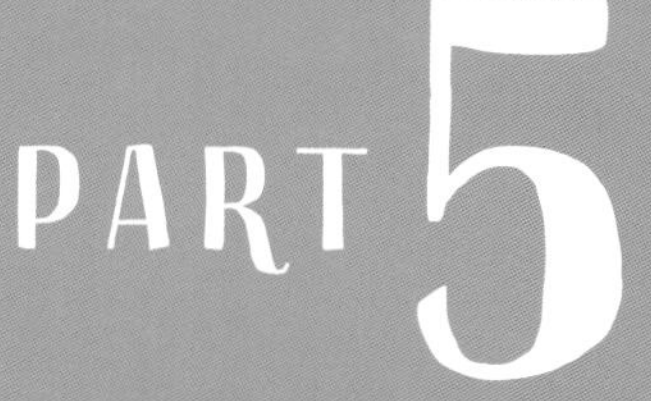

のっけるだけ弁当

お弁当作りで意外に難しいのが“詰める”作業。
きっちり詰められなくて、ふたを開けたら
ご飯とおかずが片寄っていて、残念なことに…。
のっけるだけ弁当なら、
ご飯の上におかずをのせるだけ。
また、ランチタイムまでには
ご飯におかずの味がしみて
おいしくなるのもいいところ。

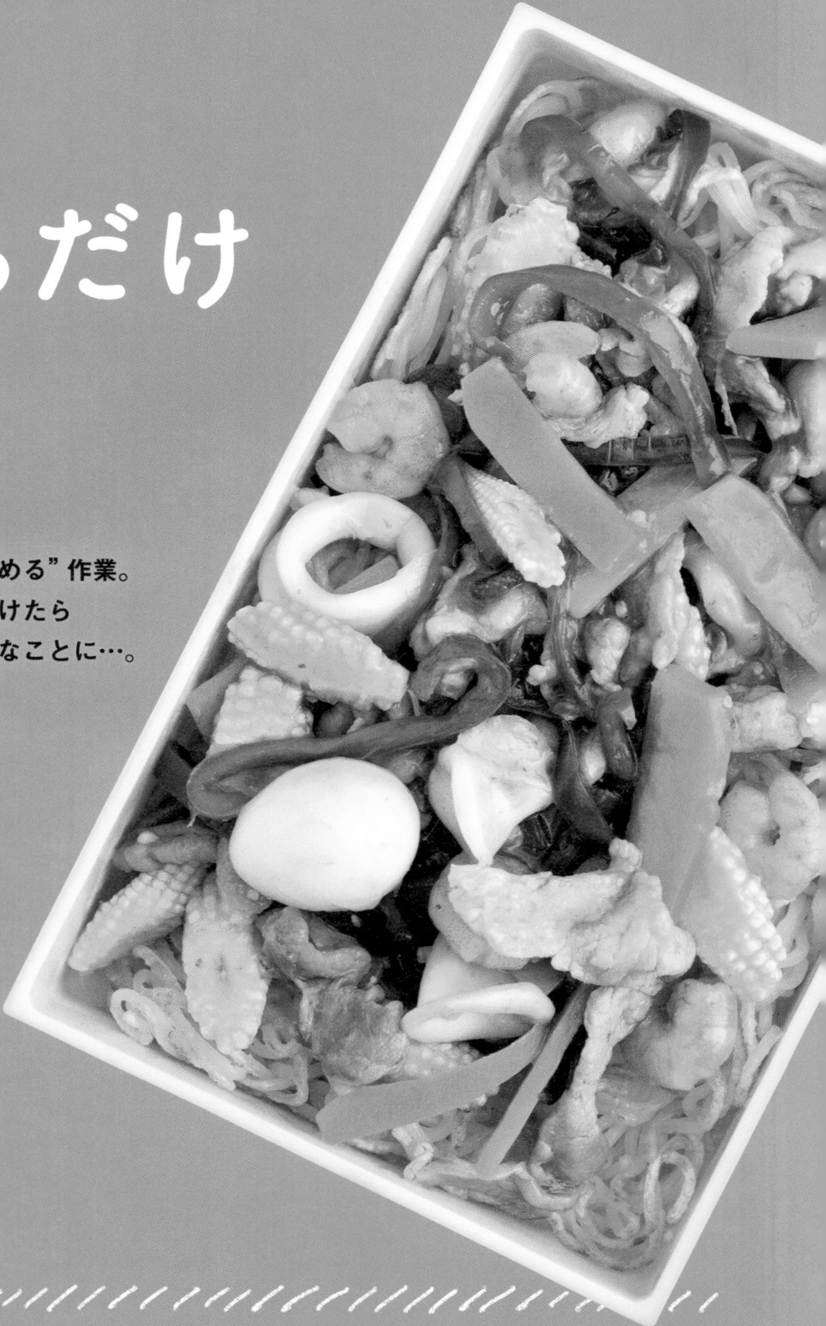

のせるだけでいい！のっけるだけ弁当

詰めるストレスゼロ。のせるだけでOK

ご飯を詰めたら、主菜、副菜関係なく、できたおかずから順番にのせていくだけ。手軽で簡単！主菜をドーンとのせ、副菜はあいているところにのせます。副菜が２品ある場合、主菜の周囲にのせるとバランスがよくなります。

お弁当作りで意外と手間と時間がかかるのが、「詰める」という作業。
のっけるだけ弁当は、ご飯を詰めてその上におかずをのせるだけ！
レイアウトなど、あれこれ考える必要がないのでストレスフリーなのもうれしい。

おかずをのせるだけ。豪快なお弁当に

主菜は大きめに切ってのせるとインパクトがあり、豪快感が出て華やかな印象になります。ご飯は少し見える程度でOK。主菜と副菜を一緒に調理すると、もう一品作る手間も省けます。あとは果物や漬物を入れればでき上がり！

味がご飯にしみてお昼には食べ頃に

ランチタイムまでにたれや汁がじんわりとしみ込んで、ご飯と一体化し、さらにおいしくなります。特にたれの多いおかず向き。麻婆豆腐や親子丼などは、まさにのっけるだけ弁当にぴったり。ボリュームがあり、食べごたえも満点のお弁当になります。

麻婆豆腐弁当

麻婆豆腐
ゆでチンゲン菜

808kcal

麻婆豆腐と白米は
箸がすすむ
黄金コンビ

段取りポイント

ご飯は詰めておく

ご飯は冷まして、調理の合間にお弁当箱に詰めておくと、おかずができた順に"のっけられて"段取りよくできる。

材料（1人分）

麻婆豆腐 378kcal

木綿豆腐…½丁（150g・水きりし、キッチンペーパーに2重に包み、電子レンジで2分加熱し、1.5㎝角に切る）
豚ひき肉…80g（酒大さじ1をなじませる）
長ねぎ…20g（みじん切り）
しょうが…少々（みじん切り）
にら…1本（粗みじん切り）
サラダ油…小さじ2
豆板醤…小さじ¼
Ⓐ
みそ…小さじ1
鶏がらスープの素（顆粒）…小さじ¼
酒、水…各大さじ1
片栗粉…小さじ½
粉山椒…適宜

ゆでチンゲン菜 40kcal

チンゲン菜…½株（50g・根元のほうに縦に切れ込みを入れ、汚れを洗い流す）
塩…ふたつまみ
ごま油…小さじ1

ご飯…250g 390kcal

※お弁当箱の容量は700㎖

1 チンゲン菜をゆでる。

塩とごま油を入れた湯でさっとゆで、水けを絞る。ごま油を入れると水っぽくならず、発色よくゆでられる。

2 チンゲン菜をご飯にのせる。

お弁当箱に冷ましたご飯を詰め、食べやすい長さに切ったチンゲン菜をご飯にのせる。

3 長ねぎとしょうがを炒める。

サラダ油をひき、長ねぎとしょうがを香りが立つまで弱火で炒める。

4 豆板醤を加えて炒め、ひき肉を加えてさらに炒める。

豆板醤がなじむように炒め、ひき肉の色が変わるまで中火で炒める。

5 豆腐を加えて味つけする。

豆腐を加えてつぶさないようにさっと炒め、Ⓐを合わせて加え、味つけする。汁けがなくなるまで炒める。

6 にらを加え、ご飯にのせる。

にらを加えてさっと混ぜ合わせる。冷まして、ご飯にのせ、好みで粉山椒をふる。

親子丼弁当

親子煮
小松菜の塩ごまあえ

612kcal

甘辛のつゆが
じんわりと染みた
やさしい味わい

材料（1人分）

親子煮　264kcal

鶏もも肉…80g（ひと口大に切る）
玉ねぎ…¼個（横に薄切り）
卵…1個（割り溶く）
片栗粉…小さじ½
Ⓐ 麺つゆ（3倍濃縮のもの）…大さじ1
　水…½カップ

小松菜の塩ごまあえ　36kcal

小松菜…1株（50g）
Ⓑ 白すりごま…小さじ1
　塩…少々
　ごま油…小さじ¼

焼きのり…¼枚

ご飯…200g　312kcal

※お弁当箱の容量は450mℓ

作り方

1 お弁当箱にご飯を詰める。

お弁当箱に冷ましたご飯を詰める。

2 小松菜の塩ごまあえを作る。

小松菜をさっとゆで、水けを絞り、Ⓑで味つけする。

3 小松菜の塩ごまあえをご飯にのせる。

❶のご飯に小松菜の塩ごまあえをのせる。

4 鶏肉を煮る。

鶏肉に片栗粉をまぶし、フライパンに鶏肉と玉ねぎ、Ⓐを入れ、ときどき混ぜながら中火で煮る。

5 溶き卵を回し入れ、蒸し煮にする。

❹にとろみがついたら、溶き卵を回し入れてふたをし、2分ほど蒸す。

6 親子煮を冷ます。

親子煮を器に移し、冷ます。保冷剤の上にのせると、早く冷める。

7 親子煮をご飯にのせる。

のりをちぎりながら、❸のご飯にちらし、❻の親子煮をのせる。

調理ポイント

鶏肉に片栗粉をまぶすとよい

鶏肉に片栗粉をまぶすと、とろみがつき、時間がたっても鶏肉も玉子もやわらかいまま。

あんかけ焼きそば弁当

あんかけ焼きそば

625kcal

一品でたんぱく質が
きちんと摂れる
具だくさんの焼きそば弁当

材料（1人分）

あんかけ焼きそば

625kcal

焼きそば麺…1玉
豚こま切れ肉…50g
シーフードミックス（冷凍品・解凍する）…50g
ピーマン…1個（細切り）
ヤングコーン…2本（斜め切り）
にんじん…2cm長さ（短冊切り）
うずらの卵（水煮）…2個
サラダ油…大さじ1½
しょうゆ…小さじ1

Ⓐ
- しょうゆ、酒…各大さじ½
- オイスターソース…小さじ1
- 鶏がらスープの素（顆粒）…小さじ½
- 湯…¼カップ

塩、こしょう…各少々
水溶き片栗粉…片栗粉、水各小さじ1
ごま油…小さじ½

※お弁当箱の容量は480㎖

作り方

1 焼きそば麺を電子レンジで加熱する。

焼きそば麺は袋の口をあけ、電子レンジで1分くらい加熱する。

2 焼きそばの麺を焼く。

フライパンに麺を入れ、サラダ油大さじ1、しょうゆをまぶしてから中火で熱し、こんがりと焼き目をつけ、両面を焼いて取り出す。

3 豚肉とシーフードミックスを炒める。

フライパンにサラダ油大さじ½を中火で熱し、豚肉とシーフードミックスを炒める。

4 野菜とうずらの卵を加えて炒める。

ピーマン、ヤングコーン、にんじん、うずらの卵を加えて炒め、Ⓐを合わせて味つけし、塩、こしょうで味を調える。

5 水溶き片栗粉でとろみをつける。

❹がフツフツしてきたら、水溶き片栗粉でとろみをつけ、ごま油をたらす。

6 お弁当箱に焼きそばを詰める。

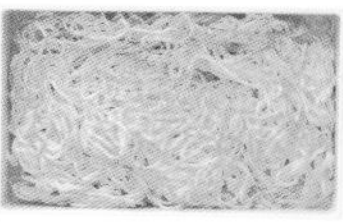

お弁当箱に冷ました❷の焼きそばを詰める。

7 あんをかける。

❺のあんを❻の麺全体にかける。

調理ポイント

具に重宝するシーフードミックス

シーフードミックスを使うと、具の組み合わせを考える必要がない。また、野菜もカット野菜を使えば朝の作業がラク！　ヤングコーンは今回は生のものを使ったが、水煮でもOK。

鮭のちゃんちゃん焼き弁当

鮭のちゃんちゃん焼き
みかん

633kcal

お弁当の定番の鮭、
目先を変えて
北国の郷土料理風に

材料（1人分）

鮭のちゃんちゃん焼き

221kcal

生鮭…1切れ（100g・そぎ切り）
キャベツ…50g（ざく切り）
もやし…50g
しめじ…25g（ほぐす）
塩、こしょう…各少々
Ⓐ みそ、酒、みりん…各大さじ½
　おろしにんにく…少々
バター…大さじ½
粗びき黒こしょう…少々

みかん…½個　22kcal

ご飯…250g　390kcal

※お弁当箱の容量は650mℓ

作り方

1 鮭に下味をつける。

鮭に塩、こしょうをふる。

2 アルミホイルに材料をのせる。

アルミホイルにキャベツ、もやし、しめじ、鮭の順にのせる。Ⓐを合わせて、かける。

3 アルミホイルの口を閉じる。

バターをのせ、調味料が漏れないようにアルミホイルをしっかり閉じる。

4 蒸し焼きにする。

フライパンに❸を入れ、水½カップ（分量外）を注ぎ、
ふたをして中火で蒸気が立つまで蒸し焼きにする。

5 弱火にし、さらに蒸し焼きにする。

蒸気が立ったら弱火にし、10～15分蒸し焼きにする。

6 お弁当箱にご飯を詰める。

お弁当箱に冷ましたご飯を詰める。

7 鮭のちゃんちゃん焼きをのせる。

❻のご飯に❺の鮭のちゃんちゃん焼きをのせ、粗びき黒こしょうをふる。
みかんはおかずカップに入れてのせる。

調理ポイント

さわらやかじきでも

鮭の代わりにさわらやかじきでもおいしくできる。

ポークチャップ弁当

ポークチャップ
きのこといんげんのソテー

782kcal

材料（1人分）

ポークチャップ　348kcal

豚ロース肉（しょうが焼き用）…2枚（100g）
玉ねぎ… ¼個（横に薄切り）
塩、こしょう… 各少々
サラダ油… 小さじ1
Ⓐ
- トマトケチャップ、ウスターソース… 各小さじ2
- 生クリーム（コーヒー用クリームでもOK）… 小さじ1
- おろしにんにく… 少々

きのこといんげんのソテー　44kcal

まいたけ… 小½パック（50g・ほぐす）
いんげん…3本（斜め切り）
バター… 小さじ1
塩、こしょう… 各少々

ご飯…250g　390kcal

※お弁当箱の容量は800㎖

作り方

1 お弁当箱にご飯を詰める。

お弁当箱に冷ましたご飯を詰める。

↓

2 いんげんを電子レンジで加熱する。

いんげんをコンテナ（130㎖）にを入れてふたをのせ、電子レンジで30秒くらい加熱する。

↓

3 きのこといんげんのソテーを作る。

フライパンにバターを溶かし、まいたけと❷を炒め、
塩、こしょうで味つけし、取り出す。

↓

4 豚肉に下味をつける。

豚肉に塩、こしょうをふる。

↓

5 豚肉を炒める。

フライパンにサラダ油を中火で熱し、豚肉と玉ねぎを同時に入れて炒める。

↓

6 豚肉に味つけする。

❺にⒶを合わせて加え、からめる。

↓

7 ポークチャップをのせる。

❶のご飯に❸のきのこといんげんのソテーと
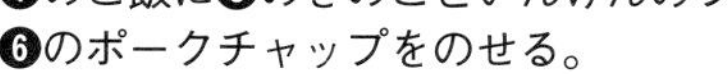
❻のポークチャップをのせる。

調理ポイント

生クリームでひと工夫

生クリーム（コーヒー用ミルクでもOK）を入れると、豚肉がしっとりとまろやかに仕上がる。

COLUMN

冷凍食品を活用するならコレ！

お弁当のおかずは少量作ることが多いですが、野菜や肉、魚介など、少しだけ用意するのはなかなか面倒なもの。冷凍食材なら少量ずつ使えて食材を無駄にすることもありません。なかでもシーフードミックスや豚汁の具などは下処理済みで時短にもなります。

手軽に使えるカット野菜

ブロッコリーやほうれん草、かぼちゃ、数種類の野菜が入ったものまで、冷凍野菜も種類が豊富。洗ったり、切る必要もなく、解凍せずにそのまま使えるので時短にもなります。また、少し入れるだけで彩りをプラスできるのもいいところです。

シーフードミックスはなにかと万能

魚介類の面倒な下処理をせずに手軽に使えるシーフードミックス。焼きそばやチャーハンなどに使えば、あれこれ具を入れる必要もありません。これだけで具だくさんの主食が完成。凍ったまま調理すると臭みが気になるので解凍してから使います。

豚汁弁当も冷凍の食材で手早く

ミックス野菜に豚肉が入った冷凍の豚汁の具。時間をかけずにおいしい豚汁が作れます。スープジャーに入れれば、お昼にアツアツの豚汁が食べられます。具がたっぷりなので、主食はおにぎりなどで十分です。

PART 6

肉・魚・卵・野菜のおかず

肉や魚、卵、野菜のおかず、そして
時間があるときに作りたい
作りおきおかずまで、58品を紹介します。
主菜、副菜の組み合わせは自由自在。
バリエーション豊かなお弁当になります。
また、困ったときのすき間おかずとして
活用できるのもうれしい！

肉のおかずがメインの

671kcal

- 豚肉のヨーグルトみそ漬け焼き ➡ P.109
- にんじんしりしり ➡ P.134
- 青菜とじゃこのふりかけ ➡ P.138

やわらかく焼いた豚肉に
にんじんしりしりたっぷり。
じゃこふりかけをのせて

豚肉のヨーグルトみそ漬け焼き弁当

豚肉のヨーグルト
みそ漬け焼き 256kcal
にんじんしりしり 60kcal
青菜とじゃこのふりかけ 43kcal
ご飯…200g 312kcal
※お弁当箱の容量は800㎖

組み合わせ

611kcal

牛肉とごぼうと玉ねぎのしぐれ煮 ➡ P.106
パプリカのゆずこしょうあえ ➡ P.135
キウイフルーツ

甘辛い牛しぐれ煮の味が
ご飯にしみて◎。
ゆずこしょうの
パプリカでさっぱり

牛しぐれ煮弁当

牛肉とごぼうと玉ねぎのしぐれ煮	292kcal
パプリカのゆずこしょうあえ	20kcal
キウイフルーツ	18kcal
ご飯…180g	281kcal

※お弁当箱の容量は480㎖

肉のおかずがメインの組み合わせ

738kcal

- ガパオ ➡ P.113
- 大根とツナのゆかりサラダ ➡ P.136
- ミニトマト

お弁当にエスニック
メニューはうれしい！
大根とツナのサラダとも好相性

ガパオ弁当

ガパオ　292kcal
大根とツナのゆかりサラダ　131kcal
ミニトマト　3kcal
ご飯…200g　312kcal
※お弁当箱の容量は500㎖

手羽先のレモン焼き弁当

721kcal

手羽先のレモン焼き ➡ P.111
いんげんのピカタ ➡ P.131

鶏肉はレモンと合わせてさっぱりと。変わり玉子焼きでごちそう感を

手羽先のレモン焼き　190kcal
いんげんのピカタ　141kcal
ご飯…250g　390kcal
※お弁当箱の容量は950㎖

牛肉のおかず

ビーフストロガノフ

520kcal

コクのある風味はのっけるだけ弁当にするのもおすすめ

材料（1～2人分）

牛切り落とし肉…150g
玉ねぎ…¼個（薄切り）
塩、こしょう…各少々
小麦粉…適量
バター…大さじ1
Ⓐ デミグラスソース（市販品）…50g
　 トマトケチャップ…大さじ1
コーヒー用クリーム…小さじ1
塩、こしょう…各少々

作り方

1. 牛肉に塩、こしょうをふり、小麦粉を薄くまぶす。
2. フライパンにバターを中火で溶かし、玉ねぎをしんなりするまで炒める。
3. 牛肉を加えて色が変わるまで炒め、Ⓐを加え、約3分煮る。
4. コーヒー用クリームを加え、塩、こしょうで味を調える。

牛肉とごぼうと玉ねぎのしぐれ煮

292kcal

滋味あふれる味わい。常備菜としても重宝！

材料（1人分）

牛切り落とし肉…100g
ごぼう…25g（ささがき）
玉ねぎ…⅛個（薄切り）
サラダ油…大さじ½
Ⓐ 麺つゆ（3倍濃縮のもの）…大さじ1
　 水…大さじ4

作り方

1. フライパンにサラダ油を中火で熱し、牛肉、ごぼう、玉ねぎをしんなりするまで炒める。
2. Ⓐを加え、汁けがなくなるまで煮る。

牛肉の香味焼き

376kcal

噛むほどに
牛肉のうま味が
ジワッと広がる

材料（1〜2人分）

牛もも肉（焼き肉用）…150g

Ⓐ
- みょうが…20g（みじん切り）
- 長ねぎ…5cm長さ（みじん切り）
- おろししょうが…小さじ½
- しょうゆ、みりん…各小さじ2

サラダ油…大さじ½

作り方

1. ポリ袋にⒶを合わせ、牛肉を入れて約5分おく。
2. フライパンにサラダ油を中火で熱し、❶の牛肉だけを先に入れ、両面焼き、中まで火を通す。たれを加えてからめる。

牛しゃぶのごまだれあえ

315kcal

コクのあるごまだれで
味わい深い一品に

材料（1人分）

牛肉（しゃぶしゃぶ用）…100g

万願寺唐辛子…大1本（斜め切り）

Ⓐ
- ポン酢しょうゆ、白すりごま…各大さじ1

サラダ油…小さじ1

作り方

1. ボウルにⒶを混ぜ合わせる。
2. 牛肉をゆでてざるにあげ、水けをきって❶のたれに入れる。
3. フライパンにサラダ油を中火で熱し、万願寺唐辛子を炒め、❷の牛肉に加えてあえる。

豚肉のおかず

ホイコーロー

279kcal

肉たっぷり！
食べ盛りに
うれしいおかず

材料（1人分）

豚こま切れ肉…100g（3〜4㎝幅に切る）
キャベツ…70g（ざく切り）
ピーマン…1個（乱切り）
長ねぎ…¼本（斜め切り）
しょうが…小1かけ（せん切り）
サラダ油…大さじ½
豆板醤…小さじ⅕
水…大さじ1
Ⓐ みそ…小さじ1
　しょうゆ、甜麺醤…各小さじ½
　酒…大さじ½

作り方

1. 豚肉をさっとゆで、ざるにあげる。
2. ボウルにⒶを混ぜ合わせる。
3. フライパンにサラダ油をひいて、しょうがを入れ、弱火で香りが立つまで炒める。
4. キャベツ、ピーマン、長ねぎ、豆板醤を入れてさっと炒め、水を加えてふたをし、野菜がしんなりするまで蒸し煮にする。
5. ❶の豚肉を加え、❷の調味料を入れ、なじむまで炒める。

豚肉の
ケチャップマリネ

347kcal

ケチャップの
うま味がきいている
洋風のお総菜

材料（1〜2人分）

豚肉（しゃぶしゃぶ用）…150g
玉ねぎ…¼個（薄切り）
ピーマン…½個（細切り）
Ⓐ トマトケチャップ…大さじ1
　塩…小さじ⅕
　オリーブ油…大さじ½

作り方

1. コンテナに玉ねぎとピーマンを入れてふたをのせ、電子レンジで1分30秒加熱し、水けをきり、Ⓐで味つけする。
2. 豚肉はゆでてざるにあげ、水けをきり、❶に加えてあえる。

酢豚

516kcal

やさしい
甘酢あんがからんだ
中華の王道のおかず

材料（1〜2人分）

豚肩ロース肉…1枚（150g・棒状に切る）
パプリカ（赤、黄）…各¼個（乱切り）
玉ねぎ…¼個（くし形切り）
しいたけ…1枚（いちょう切り）
塩、こしょう…各少々
片栗粉…適量
サラダ油…大さじ½
Ⓐ 黒酢…大さじ1
　砂糖、酒、しょうゆ…各大さじ½
　片栗粉…小さじ½

作り方

1. 豚肉に塩、こしょうをふり、片栗粉を薄くまぶす。
2. フライパンにサラダ油半量を中火で熱し、パプリカと玉ねぎ、しいたけを炒め、取り出す。
3. 残り半量のサラダ油を中火で熱し、豚肉を色が変わるまで炒め、取り出す。
4. ❸のフライパンにⒶを入れ、混ぜながら中火にかけ、❷の野菜と❸の豚肉を戻し入れてからめる。

豚肉のヨーグルトみそ漬け焼き

256kcal

発酵食品同士のたれで
豚肉は冷めてもしっとり

材料（1人分）

豚肩ロース肉…1枚（100g・スジを切る）
Ⓐ プレーンヨーグルト（無糖）、みそ
　…各大さじ½

作り方

1. ボウルにⒶをなめらかになるまで混ぜ合わせる。
2. ❶のヨーグルトみそを豚肉に塗り、一晩なじませる。
3. ヨーグルトみそをぬぐう。
4. フライパンにクッキングシートを敷き、❸の豚肉をのせる。
5. ふたをし、弱火で7〜8分焼き、上下を返して2〜3分焼く。

鶏肉のおかず

串なしねぎま焼き鳥

362kcal

鶏肉と長ねぎを焼いてたれをからませるだけ！

材料（1～2人分）

鶏もも肉…150g（ひと口大に切る）
長ねぎ…½本（切り込みを入れながら、4㎝長さに切る）
サラダ油…小さじ1
Ⓐ しょうゆ、みりん、酒…各大さじ½
　砂糖…小さじ½

作り方

1. フライパンにサラダ油を中火で熱し、鶏肉を皮を下にして入れ、あいている場所に長ねぎを入れて長ねぎの両面を焼く。鶏肉は厚みの半分以上が白っぽくなったら上下を返し、中まで火を通す。
2. Ⓐを合わせて加え、からめる。

鶏肉となすのポン酢炒め

348kcal

ポン酢しょうゆのさっぱりした味わいがイケてる

材料（1～2人分）

鶏もも肉…150g（そぎ切り）
なす…1本（乱切り）
青ねぎ…1本（小口切り）
しょうが…小1かけ（せん切り）
サラダ油…小さじ1
ポン酢しょうゆ（市販品）…大さじ1

作り方

1. フライパンにサラダ油を中火で熱し、鶏肉を皮を下にして入れ、鶏肉から脂が出てきたら、しょうがを加えてさっと炒め、あいている場所になすを入れて炒める。
2. 鶏肉は厚みの半分以上が白っぽくなったら上下を返し、なすと炒め合わせる。
3. 青ねぎを加え、ポン酢しょうゆを回し入れ、からめる。

タンドリーチキン風

270kcal

材料（1〜2人分）

鶏むね肉…150g（大きめのそぎ切り）
塩、こしょう…各少々

Ⓐ
- プレーンヨーグルト（無糖）、トマトケチャップ、マーマレード…各大さじ1
- カレー粉…小さじ1/5
- おろししょうが、おろしにんにく…各少々

作り方

1. ポリ袋にⒶを合わせ、塩、こしょうをふった鶏肉を入れてもみ込み、約10分おく。
2. フライパンにクッキングシートを敷き、鶏肉を皮を下にして並べ、ふたをして弱めの中火で6〜7分蒸し焼きにする。
3. ふたを取り、上下を返し、水分を飛ばしながら約2分焼く。

手羽先のレモン焼き

レモンの
さわやかな風味で
おいしさがアップ

190kcal

材料（1人分）

手羽先…4本（160g・羽先は切り落とし、骨に沿って切り込みを入れる）
レモン…輪切り2枚（半分に切る）

Ⓐ
- 塩…小さじ1/5
- こしょう…少々
- 酒…小さじ2

作り方

1. 手羽先にⒶをふり、レモンをのせてなじませ、冷蔵庫に入れて一晩おく。
2. フライパンに❶の手羽先を皮を下にして並べ、中火で両面焼き、中まで火を通す。

※下味をつけて2週間冷凍保存OK。
※加熱して冷凍保存1カ月OK。

ひき肉のおかず

ピーマンの肉詰め焼き

102kcal（1個分）

ひき肉たっぷりの
肉詰めは
お弁当に最適

材料（6個分）

ピーマン
…3個（縦半分に切り、種を取る）
合いびき肉…200g
玉ねぎ…1/6個（みじん切り）
Ⓐ塩…小さじ1/3
Ⓐトマトケチャップ…大さじ1
Ⓐこしょう…少々
小麦粉…少々
オリーブ油…小さじ2

作り方

1. ボウルにひき肉、玉ねぎ、Ⓐをよく混ぜ合わせ、6等分する。
2. ピーマンの内側に小麦粉をふり、❶の肉ダネを詰める。
3. フライパンにオリーブ油をひいて、❷のピーマンを肉の面を下にして並べ、中火で焼く。上下を返し、水大さじ2〜3（分量外）を加え、ふたをして弱火で蒸し焼きにする。

※1人分は3個。残りは1個ずつラップで包み、2週間冷凍保存OK。
※加熱して1カ月冷凍保存OK。

鶏つくね

91kcal（1個分）

塩麹を使った
つくねはふんわり、
やわらか

材料（1人分）

鶏ひき肉…100g
玉ねぎ…大さじ1（みじん切り）
Ⓐ片栗粉…大さじ1
Ⓐ塩麹…小さじ2
Ⓐしょうがの絞り汁…小さじ1
サラダ油…大さじ1/2

作り方

1. ボウルにひき肉、玉ねぎ、Ⓐをよく混ぜ合わせ、小判形に3個成形する。
2. フライパンにサラダ油をひいて、❶の成形したものを並べ、中火で焼く。厚みの半分以上が白っぽくなったら上下を返し、中まで火を通す。

ガパオ

292kcal

材料（1人分）

鶏ひき肉…120g
赤玉ねぎ…¼個（みじん切り）
ピーマン…1個（みじん切り）
サラダ油…大さじ½
Ⓐ
- ナンプラー、酒…各大さじ½
- 砂糖…小さじ½
- おろしにんにく…少々

作り方

1. フライパンにサラダ油を中火で熱し、赤玉ねぎ、ピーマンをしんなりするまで炒める。
2. ひき肉を加え、ポロポロになるまで炒め、Ⓐを加えて汁けがなくなるまで炒める。

中華肉みそ

718kcal

ご飯や麺にのせてもよし、野菜や麺と炒め合わせても

材料（作りやすい分量）

豚ひき肉…250g
長ねぎ…½本（みじん切り）
しょうが…小1かけ（みじん切り）
サラダ油…大さじ1
Ⓐ
- みそ、酒…各大さじ1
- しょうゆ、砂糖…各小さじ2
- おろしにんにく…少々

作り方

1. フライパンにサラダ油をひいて、長ねぎ、しょうがを入れ、弱火で香りが立つまで炒める。
2. ひき肉を加え、ポロポロになるまで炒め、Ⓐを加えて汁けがなくなるまで炒める。

肉加工品のおかず

えのきのベーコン巻き焼き

211kcal

ベーコンで
えのきを巻いて
焼くだけの簡単おかず

材料（1人分）

えのきだけ… ½パック（50g・
根元を切り落とし、半分に切る）
ベーコン…2枚
オリーブ油…小さじ1
塩、粗びき黒こしょう…各少々

作り方

1. ベーコンを広げ、えのきだけを巻き、巻き終わりをつまようじでとめる。
2. フライパンにオリーブ油を中火で熱し、❶を全体が色づくまで焼き、塩、粗びき黒こしょうをふる。

ソーセージの春巻き風

108kcal（1本分）

パリッ&ジューシー。
「もう一品」にも
ちょうどいい

材料（4本分）

ソーセージ…4本
餃子の皮…4枚
青じそ…4枚
サラダ油…適量

作り方

1. 餃子の皮を広げ、青じそをのせ、その上にソーセージをのせる。皮の向こう側のフチに水をつけ、手前から巻いてとめる。
2. フライパンにサラダ油を170℃に熱し、皮がカラッとするまで揚げる。

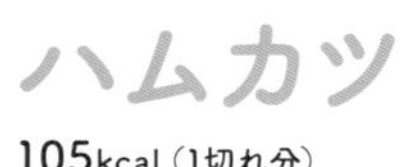

ハムカツ

105kcal（1切れ分）

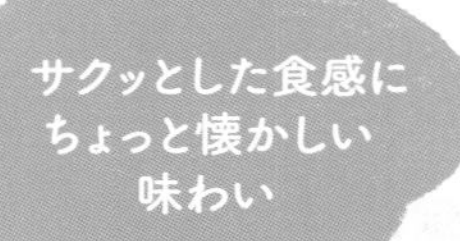

材料（2切れ分）

ロースハム…3枚
小麦粉…適量
水溶き小麦粉
…小麦粉大さじ1、水大さじ1.5
パン粉…適量
サラダ油…適量

作り方

1. ハムに小麦粉をまぶし、1枚ずつ重ね、半分に切る。
2. 水溶き小麦粉にくぐらせ、パン粉をまぶす。
3. フライパンにサラダ油を170℃に熱し、きつね色になるまで揚げる。

ランチョンミートのチャンプルー

266kcal

クセになる、
ご飯が恋しくなる
沖縄の家庭料理

材料（1人分）

ランチョンミート…⅕缶
（70g・5㎜幅に切る）
ゴーヤ…¼本（縦半分に切り、
ワタを取って5㎜幅に切る）
サラダ油…大さじ½
しょうゆ…小さじ¼
かつお節…⅓袋（1〜1.5g）

作り方

1. ゴーヤは塩少々（分量外）で塩もみし、水けを絞る。
2. フライパンにサラダ油を中火で熱し、ランチョンミートを焼きつける。
3. ゴーヤを加えてよく炒め、しょうゆを回し入れ、なじむまで炒める。かつお節をからめる。

魚のおかずがメインの

さばのカレーソテー弁当

607kcal

- さばのカレーソテー ➡ P.121
- ラタトゥイユ ➡ P.141
- オレンジ
- フランスパン

いつもの焼きさばをアレンジ。ラタトゥイユも入れて

さばのカレーソテー　344kcal
ラタトゥイユ　31kcal
オレンジ　17kcal
フランスパン…60g　215kcal（バター含む）

※お弁当箱の容量は500㎖

組み合わせ

えびシュウマイ ➡ P.122
きくらげのごま炒め ➡ P.140
ラーパーツァイ ➡ P.136
ザーサイ

506kcal

えびシュウマイに
きくらげのごま炒め、
即席漬物で
中華風弁当に

えびシュウマイ弁当

えびシュウマイ 114kcal
きくらげのごま炒め 31kcal
ラーパーツァイ 44kcal
ザーサイ 5kcal
ご飯…200g 312kcal
※お弁当箱の容量は700㎖

魚のおかずがメインの組み合わせ

603kcal

かじきのトマト煮 ➡ P.121
きのこのマリネ ➡ P.137
ペンネ

トマト味の主菜に合う
ペンネを主食に。
きのこマリネも入れて

かじきのトマト煮弁当

かじきのトマト煮　223kcal
きのこのマリネ　66kcal
ペンネ（乾燥）…80g　314kcal（パセリ含む）

※お弁当箱の容量は650㎖

あじフライ弁当

587kcal

あじフライ ➡ P.120
ひじき煮 ➡ P.141
アスパラガスのホイル焼き ➡ P.135

食感がいいあじフライに
お弁当の定番、
ひじき煮を組み合わせて

あじフライ　292kcal
ひじき煮　29kcal
アスパラガスのホイル焼き　16kcal
ご飯…160g　250kcal
※お弁当箱の容量は450㎖

ぶりの竜田揚げ
306kcal

ふんわり、ジューシー
臭みもなく食べやすい

材料（1人分）

ぶり…1切れ（100〜120g・そぎ切り）
- Ⓐ しょうゆ…小さじ1
- Ⓐ 酒、しょうがの絞り汁…各小さじ½
- Ⓐ おろしにんにく…少々

片栗粉…適量
サラダ油…適量

作り方

1. バットなどにⒶを合わせ、ぶりを入れて、約15分漬ける（できれば前の夜に漬けておくとよい）。汁けをきり、片栗粉をまぶす。
2. フライパンにサラダ油を170℃に熱し、きつね色になるまで揚げる。

※さば、さわら、鮭、あじなどにも応用可。
※倍量作って、残りは1切れずつラップに包み、下味をなじませた状態で2週間冷凍保存OK。冷蔵庫で自然解凍して衣をつけて揚げる。

あじフライ
292kcal

サクッとした
食感が楽しく、
香ばしいフライ

材料（1人分）

あじ…1尾分（正味70g・3枚おろし）
塩、こしょう…各少々
水溶き小麦粉
…小麦粉大さじ1、水大さじ1.5
パン粉…適量
サラダ油…適量

作り方

1. あじに塩、こしょうをふり、水溶き小麦粉にくぐらせ、パン粉をつける。
2. フライパンにサラダ油を170℃に熱し、きつね色になるまで揚げる。

さばのカレーソテー

344kcal

さばサンドにするのもおすすめ

材料（2食分）

塩さば…2切れ（200g）
Ⓐ カレー粉…小さじ$\frac{1}{5}$
Ⓐ おろしにんにく…少々
小麦粉、カレー粉…各大さじ1
オリーブ油…大さじ1

作り方

1. バットなどにⒶを合わせ、塩さばを入れて、小麦粉とカレー粉をまぶす。
2. フライパンにオリーブ油を中火で熱し、両面を焼いて火を通す。

かじきのトマト煮

223kcal

トマトで煮てイタリアの家庭料理風に

材料（1人分）

かじきまぐろ…1切れ（100g・さいの目切り）
玉ねぎ…$\frac{1}{8}$個（1cm角切り）
なす…$\frac{1}{2}$本（さいの目切り）
オリーブ（黒）…小さじ1（薄切り）
トマトの水煮（缶詰）…50g（つぶす）
おろしにんにく…少々
ドライハーブ（オレガノ、タイム）…各少々
オリーブ油…大さじ$\frac{1}{2}$
塩、こしょう…各少々

作り方

1. かじきまぐろに塩少々（分量外）をふる。
2. フライパンにオリーブ油を中火で熱し、玉ねぎをしんなりするまで炒め、かじきとなすを加え、さらに炒める。
3. トマトの水煮、にんにく、ドライハーブ、オリーブを加える。ふたをし、約3分煮て塩、こしょうで味を調える。

※ドライハーブはなければ入れなくてもOK。

いか&えびのおかず

えびシュウマイ

28kcal（1個分）

えびのうま味が
詰まったちょっと
リッチな味わい

材料（8個分）

むきえび…150g（包丁でたたくか、フードプロセッサーでミンチ状にする）
玉ねぎ…1/8個（みじん切り）
シュウマイの皮…8枚
Ⓐ しょうゆ、ごま油、酒、しょうがの絞り汁…各小さじ1/2
Ⓐ 片栗粉…小さじ1

作り方

1. ボウルにむきえび、玉ねぎ、Ⓐをよく混ぜ合わせ、タネを作る。
2. シュウマイの皮でタネを包む。
3. フライパンにクッキングシートを敷き、シュウマイを並べる。
4. フライパンとクッキングシートの間に湯を1/2カップ（分量外）入れ、ふたをして強火にかける。沸騰したら、中火にし、約10分蒸す。

いかのカレーマリネ

188kcal

カレー粉を使って
塩分控えめに。
サラダ感覚でどうぞ

材料（1人分）

いか（冷凍ロール）…100g（食べやすい大きさに切る）
にんじん…2cm長さ（せん切り）
Ⓐ カレー粉…小さじ1/2
Ⓐ 酢、オリーブ油…各大さじ1
Ⓐ 塩…小さじ1/4
Ⓐ こしょう…少々

作り方

1. バットなどにⒶを合わせ、にんじんを漬ける。
2. フライパンに湯を沸かし、塩少々（分量外）を入れていかをゆで、熱いうちに❶のマリネ液に漬け、なじませる。

かまぼこ&ちくわのおかず

かまぼこの磯部焼き

41kcal（1個分）

のりの風味がよく、
かわいらしい一品

材料（4個分）

かまぼこ…4cm長さ（4等分に切り、切り込みを入れる。切り離さない）
スライスチーズ…1枚（4等分に切る）
のり…1/3枚（4等分に切る）
サラダ油…大さじ1/2

作り方

1. かまぼこの切り込みにスライスチーズをはさみ、のりで巻く。
2. フライパンにサラダ油を中火で熱し、❶の巻き終わりを下にして並べ、色がつくまで焼き、上下を返してさらに焼く。

ちくわとミニトマトのソテー

119kcal

彩りもよく、
すき間おかずにも
ぴったり！

材料（1〜2人分）

ちくわ…2本（7〜8mmくらいの輪切り）
ミニトマト…4個（ヘタを取り、半分に切る）
オリーブ油…小さじ1
塩、こしょう…各少々

作り方

フライパンにオリーブ油を中火で熱し、ちくわ、ミニトマトを炒め、塩、こしょうで味つけする。

卵・大豆製品のおかずが

512kcal

- スパニッシュオムレツ ➡ P.131
- かぼちゃのサラダ ➡ P.134
- ゆでカリフラワー
- マフィン

サラダやオムレツを
マフィンにはさんで。
軽食でいいときに

スパニッシュオムレツ弁当

スパニッシュオムレツ　221kcal
かぼちゃのサラダ　95kcal
ゆでカリフラワー　8kcal
マフィン…1個　188kcal（バター含む）

※お弁当箱の容量は800㎖

メインの組み合わせ

548kcal

- 豆腐のかば焼き風 ➡ P.133
- しらすと青ねぎ入り玉子焼き ➡ P.128
- ゆでほうれん草のおかかあえ

かば焼き風に仕上げた
豆腐は立派な主菜に。
玉子焼きと青菜で栄養アップ

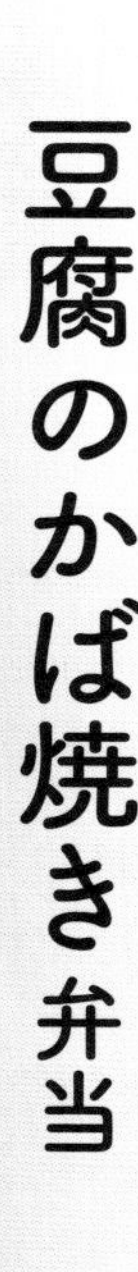

豆腐のかば焼き弁当

豆腐のかば焼き風　230kcal
しらすと青ねぎ入り玉子焼き　71kcal
ゆでほうれん草のおかかあえ　13kcal
ご飯…150g　234kcal
※お弁当箱の容量は450㎖

玉子焼き

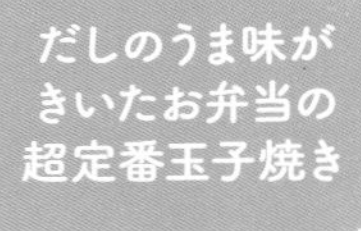

だし巻き玉子

277kcal

材料（作りやすい分量）

卵…2個
- Ⓐ しょうゆ…大さじ½
- Ⓐ みりん…小さじ½
- Ⓐ だし汁…大さじ1

サラダ油…大さじ1強

卵はボウルに割り入れ、ボウルの底に菜箸をつけ、菜箸を縦に動かして溶き卵にする。白身が切れ、色ムラなく焼ける。Ⓐを加えて混ぜ合わせ、卵液を作る。

1 サラダ油を入れて、中火にかける。

サラダ油をフライパン全体に回し、なじませる。

2 熱したサラダ油は一度器に移す。

この油は卵を焼くときに使う。

3 サラダ油をキッチンペーパーで全体にひく。

キッチンペーパーでまんべんなくひく。

4 卵液を半量流し入れ、半熟状になるまで焼く。

菜箸で泡をつぶしながら中火で焼く。

左右の両端を折る。

フライ返しや菜箸などを使うと周囲が折りやすい。

向こう側から手前に巻く。

フライ返しで巻いてもよい。

玉子焼きを奥に寄せ、サラダ油をひく。

サラダ油を再度フライパン全体にひく。

残りの卵液を流し入れる。

卵液が玉子焼きの下にまで回るように流し込む。

❹❺と同じ要領で焼く。

巻き込むので、きれいに折れなくてもよい。

フライ返しなどで巻く。

フライ返しなどで巻き、完成。卵が１個の場合、卵液は２回に分けず、1回で流し入れてもＯＫ。

卵のおかず

しらすと青ねぎ入り玉子焼き

285kcal

しらすの塩けを利用。
おかず感満載の
玉子焼き

材料（作りやすい分量）

卵…2個（割り溶く）
しらす干し…15g
青ねぎ…1本（小口切り）
Ⓐ みりん…小さじ½
　 だし汁…大さじ1
サラダ油…大さじ1強

作り方

1. 溶いた卵にしらすと青ねぎ、Ⓐを加えて混ぜ合わせ、卵液を作る。
2. P.126～127の要領で卵液を焼く。

明太子とチーズ入り玉子焼き

322kcal

明太子とチーズの
おいしいハーモニー

材料（作りやすい分量）

卵…2個（割り溶く）
明太子…¼腹（薄皮を取り、ほぐす）
チーズ（ピザ用）…10g
Ⓐ みりん…小さじ½
　 だし汁…大さじ1
サラダ油…大さじ1強

作り方

1. 溶いた卵に明太子とチーズ、Ⓐを加えて混ぜ合わせ、卵液を作る。
2. P.126～127の要領で卵液を焼く。

ねぎ塩だれのオムレツ

254kcal

調味料は
ねぎ塩だれだけ。
シンプルなおいしさ

材料（作りやすい分量）

卵…2個（割り溶く）
ねぎ塩だれ…大さじ2 ➡作り方はP.48
サラダ油…大さじ½

作り方

1. 溶いた卵にねぎ塩だれを加えて混ぜ合わせ、卵液を作る。
2. フライパンにサラダ油を中火で熱し、卵液を流し入れ、半熟よりかためになったら、オムレツ形に成形する。両面に焼き色がつくまで焼き、中まで火を通す。

照り煮玉子

82kcal（1個分）

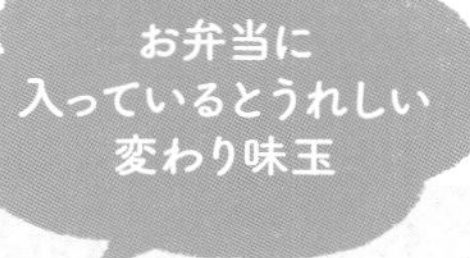

材料（4個分）

ゆで玉子…4個
Ⓐ 砂糖、オイスターソース…各小さじ1
Ⓐ 酒、みりん、しょうゆ…各小さじ2

作り方

フライパンにⒶを入れて煮立て、ゆで玉子を入れ、汁けがなくなるまで煮る。

切り干し、ハム入り玉子焼き

146kcal（1切れ）

切り干し大根を
使った
台湾風玉子焼き

材料（作りやすい分量）

卵…4個（割り溶く）
切り干し大根…20g
ロースハム…4枚（2㎜幅に切る）
長ねぎ…½本（50g・斜め薄切り）
ごま油…大さじ1
Ⓐ 塩…小さじ¼
Ⓐ ごま油…小さじ1

作り方

1. 切り干し大根はたっぷりの水に約20分浸けて戻す。水けをしっかり絞って食べやすい長さに切り、Ⓐをもみ込む。
2. フライパンにごま油を中火で熱し、ハム、長ねぎをしんなりするまで炒め、切り干し大根を加えて、さらに炒める。
3. 溶き卵を回し入れ、全体を大きく混ぜて半熟状になったら、ふたをして弱火で7～8分焼き、上下を返して2～3分焼く。

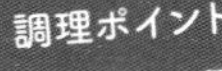

調理ポイント

20㎝フライパンなら、卵4個でちょうどいい厚みのオムレツが作れる。

段取りポイント

切り干し大根は前の夜に戻し、Ⓐをもみ込んでおくとよい。

余った溶き卵は炒り玉子に

P.58の油淋鶏など、調理途中で余った溶き卵は、塩、こしょう各少々をふり、フライパンで炒り玉子にすれば無駄にならず、おかずの一品に。

スパニッシュオムレツ

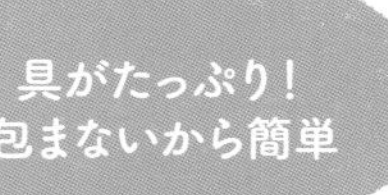

221kcal（1切れ）

材料（作りやすい分量）

卵…4個（割り溶く）
パプリカ（赤・黄）
…各¼個（さいの目に切る）
ソーセージ…4本（輪切り）
Ⓐ 粉チーズ…大さじ4
　 塩…小さじ¼
　 こしょう…少々
オリーブ油…大さじ2

作り方

1. 溶いた卵にⒶを加えて混ぜ合わせ、卵液を作る。
2. フライパンにオリーブ油を中火で熱し、ソーセージ、パプリカをさっと炒める。
3. 卵液を回し入れ、全体を大きく混ぜて半熟状になったら、ふたをして弱火で7〜8分焼き、上下を返して2〜3分焼く。

いんげんのピカタ

彩りを添えるにも
ちょうどいい一品

141kcal

材料（作りやすい分量）

卵…½個（割り溶く）
いんげん…8本（50g）
塩、こしょう…各少々
小麦粉…大さじ1
粉チーズ…小さじ1
オリーブ油…大さじ½
お好みでトマトケチャップ…適宜

作り方

1. コンテナにいんげんを入れてふたをのせ、電子レンジで30秒加熱し、塩、こしょうをして小麦粉を薄くまぶす。
2. 溶き卵に粉チーズを加えて混ぜ合わせ、いんげんを4本ずつくぐらせる。
3. フライパンにオリーブ油を中火で熱し、いんげんが重ならないように並べて卵液を流し入れ、両面焼く。

※お弁当箱に詰めるときは食べやすい大きさに切る。好みでケチャップを添える。

大豆＆大豆製品のおかず

大豆のスパイシートマト煮

278kcal

材料（1人分）

蒸し大豆（市販品）
…1袋（90g・半量はつぶす）
玉ねぎ… ⅛個（みじん切り）
にんにく… ¼かけ（みじん切り）
トマトの水煮（缶詰）…50g（つぶす）
オリーブ油…小さじ2
Ⓐ トマトケチャップ…大さじ1
チリパウダー…少々
塩…小さじ¼
パセリ…少々（みじん切り）

作り方

1. フライパンにオリーブ油をひき、にんにく、玉ねぎを透き通るまで弱火で炒める。
2. つぶした蒸し大豆を加え、大豆がポロポロになるまで炒め、残りの大豆を加える。
3. トマトの水煮を加え、Ⓐで味つけし、パセリをふる。

厚揚げの中華ステーキ

261kcal

食べごたえ＆
満足感＆
低糖質がうれしい！

材料（1人分）

厚揚げ… ½枚（1㎝厚さに切る）
Ⓐ オイスターソース、酒
…各大さじ½
おろしにんにく…少々
サラダ油…小さじ1

作り方

フライパンにサラダ油を中火で熱し、厚揚げを並べて香ばしく焼き、Ⓐを合わせて加え、からめる。

豆腐のかば焼き風
230kcal

のりでうなぎのかば焼き風に。甘辛たれがご飯に合う

材料（1人分）

木綿豆腐…½丁
（150g・水きりする➡P.90参照）
パン粉…大さじ2
マヨネーズ…小さじ1
のり…½枚（4等分にする）
片栗粉…少々
サラダ油…大さじ½
Ⓐ しょうゆ、酒、みりん…各小さじ1
粉山椒…適宜

作り方

1. ボウルに豆腐を崩しながら入れ、パン粉、マヨネーズを加えてなじむようによく混ぜ合わせてタネを作り、4等分にする。
2. のりに片栗粉を薄くまぶし、タネをのりの上に平らにならす。
3. フライパンにサラダ油をひいて、のりの面を下にして並べて中火で焼き、上下を返してさらに焼く。
4. Ⓐを合わせて回し入れ、からめる。好みで山椒をふる。

油揚げのピザ
95kcal（1個分）

油揚げを洋風にアレンジ。とろ〜りチーズがおいしい

材料（2個分）

油揚げ…1枚（半分に切る）
ソース（ピザ用）…大さじ1
チーズ（ピザ用）…30g

作り方

1. 油揚げは袋状にし、内側にソースを塗り、チーズを詰める。
2. フライパンに並べ、両面を香ばしく焼く。

※お弁当箱に詰めるときは食べやすい大きさに切る。

野菜のおかず

にんじんしりしり

241kcal

元気が出る！
体が喜ぶ！
ヘルシーなおかず

材料（作りやすい分量）

にんじん…1本（せん切り）
卵…1個（割り溶く）
青ねぎ…2本（小口切り）
麺つゆ（3倍濃縮のもの）…大さじ1
サラダ油…大さじ1

作り方

1. フライパンにサラダ油を中火で熱し、にんじんを色が変わるまで炒める。
2. 麺つゆを加えて炒め、溶き卵を回し入れてなじませ、青ねぎを加えてさっと炒める。

かぼちゃのサラダ

95kcal

甘すぎず
ご飯にも合うサラダ。
さつまいもでも

材料（1人分）

かぼちゃ…70g（1.5cm角に切る）
レーズン…小さじ1強
Ⓐ フレンチドレッシング（市販品）、粒マスタード…各小さじ1

作り方

1. かぼちゃはコンテナに入れてふたをのせ、電子レンジで2分加熱する。
2. レーズンを加え、Ⓐであえる。

パプリカの ゆずこしょうあえ

20kcal

ビタミンCが しっかり摂れる一品

材料（1人分）

パプリカ（赤、黄）…各¼個
（1cm幅の棒状にし、縦半分に切る）
Ⓐ ゆずこしょう…小さじ⅕
　 しょうゆ…少々

作り方

パプリカをアルミホイルに包んでグリルで7〜8分焼き、Ⓐであえる。

※ゆでるよりも、ホイル焼きにしたほうがうま味が凝縮される。

アスパラガスの ホイル焼き

16kcal

かつお節がきいた ホッとする やさしい味わい

材料（1人分）

グリーンアスパラガス
…3本（斜め切り）
塩…少々
かつお節…⅓袋（1〜1.5g）

作り方

アスパラガスをアルミホイルにのせ、塩をふって包み、グリルで7〜8分焼き、かつお節をまぶす。

※ゆでるよりも、ホイル焼きにしたほうがうま味が凝縮される。

野菜のおかず

大根とツナのゆかりサラダ

ゆかりが
味も見た目にも
いいアクセントに

131kcal

材料（1人分）

大根…70g（ピーラーでむく）
ツナ缶（ノンオイル）…小½缶（約35g）
マヨネーズ…小さじ1
ゆかり…少々

作り方

大根はさっとゆでて水けをよく絞り、汁けをきったツナ、マヨネーズ、ゆかりであえる。

ラーパーツァイ

さっぱり甘酢だれで
口の中をリセット

352kcal

材料（作りやすい分量）

白菜…3枚（300g・葉はざく切り、軸は棒状に切る）
にんじん…⅓本（50g・せん切り）
塩…小さじ1弱
（白菜、にんじんの重量の1.5%）
Ⓐ 酢…大さじ3
　 砂糖…大さじ2
　 塩…小さじ½
赤唐辛子…1本（小口切り）
ごま油…大さじ2

作り方

1. 白菜、にんじんに塩をふってなじませ、しんなりしたら、水けを絞る。
2. ボウルにⒶを入れ、❶の白菜とにんじんを加え、混ぜ合わせる。
3. フライパンに赤唐辛子、ごま油を入れて弱火で熱し、赤唐辛子のまわりに泡が出てきたら、❷に回し入れて、全体になじませる。

きのこのおかず

きのこのしぐれ煮

114kcal

きのこのうま味が
凝縮！
ご飯にのせても

材料（作りやすい分量）

なめこ…1袋（100g）
しめじ…小1パック（100g・
　石づきを切り落とし、ほぐす）
えのきだけ…小1パック（100g・
　根元を切り落とし、2cm長さに切る）
しょうが…小1かけ（せん切り）
しょうゆ、みりん、酒…各大さじ1

作り方

フライパンに材料をすべて入れて中火にかけ、ときどき混ぜ合わせながら、汁けが少なくなるまで煮る。

きのこのマリネ

264kcal

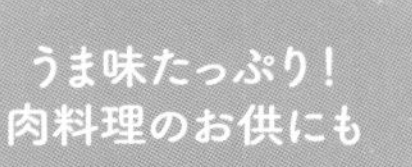

材料（作りやすい分量）

マッシュルーム…5〜6個（100g・
　3mm幅の薄切り）
まいたけ…1パック（100g・ほぐす）
にんにく…小1かけ（薄切り）
塩…小さじ½
Ⓐ 粗びき黒こしょう…少々
　 酢…大さじ2
オリーブ油…大さじ2

作り方

1. きのことにんにくをコンテナに入れて塩をまんべんなくふり、ふたをのせ、電子レンジで3分加熱する。
2. Ⓐを加え、なじませる。オリーブ油を加え、さらになじむように混ぜ合わせる。

作りおきのおかず

鮭フレーク

500kcal

作りおきの定番。おにぎりの具にも最適！

保存期間 冷蔵で4〜5日、冷凍で1カ月

材料（作りやすい分量）

生鮭…3切れ（300g）

Ⓐ
- 塩…小さじ1
- 酒、水…各大さじ2

Ⓑ
- みりん…大さじ½
- しょうゆ…小さじ1

白いりごま…大さじ2

作り方

1. フライパンに鮭とⒶを入れ、ふたをして中火にかけ、ひと煮立ちさせる。弱火にし、4〜5分蒸し煮する。
2. 鮭は皮と骨を取り、身を粗くほぐし、❶の蒸し汁と一緒にフライパンに入れる。Ⓑで味つけし、中火で汁けを飛ばしながら炒り、ごまを加えて混ぜ合わせる。

※作りおきを冷凍保存する場合は、保存袋に平らに入れて保存すると、使う分だけ割ると解凍しやすい。

青菜とじゃこのふりかけ

346kcal

ご飯にのせても、混ぜても食がすすむふりかけ

保存期間 冷蔵で4〜5日、冷凍で1カ月

材料（作りやすい分量）

小松菜（またはかぶの葉）…200g
（ゆでて細かく刻む）

ちりめんじゃこ…40g

ごま油…大さじ1

Ⓐ
- しょうゆ、酒…各大さじ½
- みりん…大さじ1

白いりごま…大さじ1

作り方

1. フライパンにごま油を中火で熱し、ちりめんじゃこをパリッとするまで炒める。
2. 小松菜とⒶを加え、汁けがなくなるまで炒り、ごまを加えて混ぜ合わせる。

サラダチキン

350kcal

和洋中に応用がきく
超便利な作りおき

保存期間 冷蔵で3〜4日

材料（作りやすい分量）

鶏むね肉…1枚（250g）
砂糖…小さじ1
塩…小さじ½
Ⓐ 酒…¼カップ
　 水…1カップ

作り方

1. 鶏肉に砂糖、塩の順にもみ込み、冷蔵庫で一晩おく。
2. フライパンに鶏肉とⒶを入れ、強火にかけてひと煮立ちさせる。アクが出たら取る。
3. 弱火にし、ふたをして2分、上下を返して再度ふたをし、2分ゆでてそのまま冷ます。

※ゆで汁ごとコンテナなどに入れて冷蔵で保存する。

塩レバー

250kcal

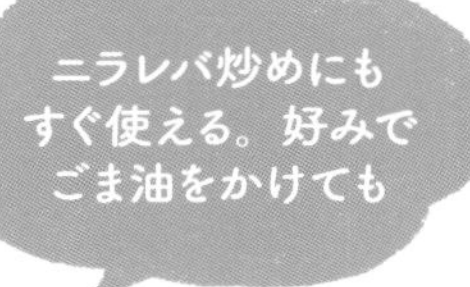

保存期間 冷蔵で4〜5日

材料（作りやすい分量）

鶏レバー…250g（下処理済み。さっと洗い、小さめのひと口大に切る）
Ⓐ 水…2½カップ
　 塩…小さじ2

作り方

1. ボウルにレバー、塩大さじ1（分量外）を入れ、手でグルグルかき混ぜる。塩のざらつきがなくなってきたら、ひたひたの水を加え、約10分おく。
2. 流水で水が透き通るまで洗い、水けをよくきる。
3. フライパンにⒶを入れて強火で沸騰させ、レバーを入れて再び沸騰させる。中火にし、2分ゆで、すぐざるにあげる。

※豚レバーで作る場合は2〜3等分に切る。

きくらげのごま炒め

124kcal

ごま油が香る
豊かな味わい。
お弁当の箸休めにも

保存期間 冷蔵で4～5日、冷凍で1カ月

材料（作りやすい分量）

生きくらげ…1パック（70g・
石づきを取り、せん切りにする）
ごま油…大さじ½
Ⓐ だし汁…¼カップ
Ⓐ みりん、しょうゆ…各小さじ2
白いりごま…小さじ2

作り方

フライパンにごま油を中火で熱し、きくらげを炒め、油が回ったらⒶを加え、汁けがなくなるまで炒り煮にする。ごまを加え、混ぜ合わせる。

甘酢しょうが

243kcal

そのままでも、
ご飯に混ぜ込んでも。
お弁当の傷み防止に◎

保存期間 冷蔵で1カ月

材料（作りやすい分量）

新しょうが…300g（皮をむき、
繊維に沿ってごく薄切りにする）
塩…小さじ½
Ⓐ 昆布だし…180mℓ
Ⓐ 酢…120mℓ
Ⓐ 砂糖…大さじ5
Ⓐ 塩…小さじ½

作り方

1. 新しょうがは沸騰した湯で1～2分ゆで、ざるにあげて水けをよくきる。ざるに広げ、塩をまんべんなくふり、冷ます。
2. フライパンにⒶを煮立て、冷ます。
3. ❶の新しょうがの水けをよく絞る。
4. 保存容器にほぐしながら入れ、❷の甘酢を加える。

ラタトゥイユ

247kcal

鮮やかな彩りで
お弁当の華やかさが
アップ

保存期間 冷蔵で4～5日、冷凍で1カ月

材料（作りやすい分量）

玉ねぎ… ¼個（みじん切り）
なす…2本（1.5㎝角に切る）
ズッキーニ… ½本（1.5.㎝角に切る）
パプリカ（赤・黄）… 各½個（1.5㎝角に切る）
にんにく… 小1かけ（みじん切り）
トマトの水煮（缶詰）…200g（つぶす）
オリーブ油… 大さじ1
塩… 小さじ½
ドライハーブ（タイム、オレガノなど）…各少々
ローリエ…1枚

作り方

1. フライパンにオリーブ油、にんにくを入れて弱火できつね色になるまで炒め、玉ねぎを加え、しんなりするまで炒める。
2. なす、ズッキーニ、パプリカを加えてさらに炒め、油が回ったら塩をふり、さっと混ぜる。ふたをし、弱火で約10分蒸し煮する。
3. トマトの水煮、ドライハーブ、ローリエを加えてさっと混ぜ、ふたをして弱火で約5分煮る。

※ドライハーブはなければ入れなくてもOK。

ひじき煮

177kcal

低カロリーで
ヘルシーな
お弁当の脇役

保存期間 冷蔵で4～5日、冷凍で1カ月

材料（作りやすい分量）

ひじき（乾燥）…10g（戻す）
にんじん… ¼本（40g、細切り）
油揚げ…20g（細切り）
しいたけ…2枚（薄切り）
だし汁… ¾カップ
しょうゆ… 大さじ1
みりん… 大さじ½

作り方

フライパンに材料をすべて入れ、落としぶたをして汁けがなくなるまで煮る。

作りおきのおかず

さば缶のそぼろ

353kcal

さば缶があれば
さっと作れる
簡単常備菜

保存期間 冷蔵で4〜5日、冷凍で1カ月

材料（作りやすい分量）

さばの水煮（缶詰）…1缶（190g）
しょうが…小1かけ（みじん切り）
Ⓐ 砂糖…小さじ1
Ⓐ 酒、しょうゆ…各大さじ½

作り方

1. フライパンに汁けをきったさばの水煮、しょうがを入れ、さばがポロポロになるまで炒める。
2. Ⓐを加え、汁けがなくなるまで煮る。

ハンバーグ

124kcal（大1個分）　62kcal（小1個分）

肉のうま味が詰まった
お弁当の主役

保存期間 冷蔵で3〜4日、冷凍で1カ月

材料（作りやすい分量）

合いびき肉…300g
玉ねぎ…¼個（みじん切りし、電子レンジで1分加熱）
パン粉、牛乳…各大さじ2
塩、こしょう、ナツメグ…各少々
サラダ油…大さじ1

作り方

1. サラダ油以外の材料をすべて混ぜ合わせて2等分し、半分は2等分、残りの半分は4等分して丸く成形する。
2. フライパンにサラダ油を中火で熱し、❶を両面焼く。途中で上下を返し、水大さじ2（分量外）を加えてふたをし、2〜3分蒸し焼きにする。

※ハンバーグは大小、大きさを変えて作っておくと便利。
※冷凍する場合は焼いてから保存すると解凍が簡単。

COLUMN

あると便利なすき間おかず

できてしまいがちなお弁当のすき間。そんなときに重宝するのがすき間おかず。
ポンと入れるだけで、すき間が埋まり、おさまりのいいお弁当になります。
すき間にぴったり入るように大きさや形が異なるおかずを数種類常備しておくといいでしょう。

うずら卵の水煮

すき間おかずの中でも、あると重宝するのがうずら卵の水煮。そのまま入れてもよし、ひと手間加えてプチおかずにしてもよし。そのまま入れる場合は水けをふきましょう。

ミックスビーンズ

数種類の豆を蒸したり、水煮にしたりして、そのまま使える使い勝手のよさも魅力。また、栄養素もうま味もギュッと詰まっているので、サラダやスープの具としてもおすすめです。

キャンディチーズ

フィルムに包んだまま入れれば手間いらず、もちろん外して入れても。成長に欠かせないカルシウムやたんぱく質が手軽に摂れるほか、免疫力アップにもつながります。

かに風味かまぼこ

今や海外でも人気のかに風味かまぼこはお弁当の強い味方。すき間おかずとしてはもちろんのこと、玉子焼きの具やフライにしたりと、メインとしても使え、彩りもプラスされます。

牧野直子（まきの・なおこ）

スタジオ食（studio coo）主宰、管理栄養士、ダイエットコーディネーター、料理研究家。女子栄養大学卒業。おいしく簡単な健康メニュー、生活習慣病予防のレシピ提案は特に定評がある。息子が中学、高校、大学に通った計10年間、男子弁当を作ってきた経験から、お弁当をテーマにした保護者向けの講演なども多い。料理教室の講師はもちろん、テレビ、雑誌など活動の場は多岐にわたる。著書に『野菜の栄養と食べ方まるわかりBOOK』（ワン・パブリッシング）、『2品でととのう やせ献立』（主婦の友社）、『1食20gが簡単にとれる！ たんぱく質しっかりおかず』（池田書店）、『知って驚くファイトケミカル　健康野菜大全』（KADOKAWA）など著書多数。

スタッフ

本文・カバーデザイン ― 蓮尾真沙子（tri）
本文DTP ―― 谷川のりこ
撮影 ―― 新井智子
スタイリング ―― カナヤマヒロミ
取材・文 ―― 須藤桃子
校正 ―― 木串かつこ
料理アシスタント ―― 徳丸美沙（スタジオ食）
編集協力 ―― 時政美由紀（マッチボックス）
編集担当 ―― 端香里（朝日新聞出版 生活・文化編集部）

ムリなくできる！
栄養（えいよう）のこと、ちゃーんと考（かんが）えた毎日（まいにち）おいしい弁当（べんとう）

監　修　牧野直子

発行者　片桐圭子

発行所　朝日新聞出版
〒104-8011　東京都中央区築地5-3-2
［お問い合わせ］infojitsuyo@asahi.com

印刷所　大日本印刷株式会社

ISBN　978-4-02-334117-3

定価はカバーに表示してあります。
落丁・乱丁の場合は弊社業務部（電話03-5540-7800）へご連絡ください。
送料弊社負担にてお取り替えいたします。